新版 いじめの構造を破壊する法則

学芸みらい教育新書 ③

向山洋一

Mukoyama Yoichi

学芸みらい社

まえがき

「いじめ」は、教育の場では重要なテーマである。形をかえてしばしばニュースになる。

平成二四年七月一八日、私はＴＢＳテレビに出演した。大津市のいじめ問題について、日本教育技術学会会長として、緊急出演であった。

私はその場で、二つの提言を行った。

提言一　いじめをなくせるのは教師だけ
提言二　いじめをなくすには制度をつくれ

いじめは、教育・学校という現場で起きているのだから、教師が必死になっていじめをなくそうとしなければ、解決はしないという事を主張した。

具体的には、いじめが起きてから何かをするという小手先の対応策ではなく、いじめが起きないようにするシステムをつくること、制度化するという事を、二つ目に主張した。

いじめ解消のシステムとは、病気を発見するシステムにたとえると分かりやすい。

医師は病気を発見するために次のことを行う。

触診、問診、それらに基づく必要な検査である。

これをいじめ発見に応用すると次の二つのシステムが必要となる。
1　発見のシステム
2　対処のシステム
まず、いじめを発見するためには、次の三つの方法を行うことが必要である。

触診→観察、問診→アンケート、検査→一人ぼっちの調査次に、いじめの可能性をとらえた場合には、対応策をとる。

> いじめと疑う、校長を含めた関係者会議（例・教育相談委員会）を二四時間以内に行う

このような発見と対処ができるシステムをつくっておくことが急務であると提言した。

実は、こうしたいじめ問題については、平成一八年一一月に日本教育技術学会でも「いじめ緊急アピール」として提言していた。

また、その時の緊急アピールより一〇年前には、勤務校の校長から「学級崩壊やいじめ、登校拒否などの極めて重要な問題について、学校全体として対応する仕組みを作ってほしい」と言われていた。

その時に作成したのが、「教育相談委員会指導計画（素案）一九九六年五月」であり、教育トークライン誌でも紹介した。

本書には、いじめをなくせるのは教師だけ、一人ぼっちの調査、いじめの対処の仕方など、原則的な内容は様々な章で述べている。そうした原則を読み取って、いじめと闘い破壊する、または構造をつくらないよう、努力してほしい。

本書は、若くして教育熱心な教師が自分の力量形成を願いつつ、同時に「いじめ」に対応していくための方法を書いたものである。本書が、心ある教師の役に立ち、クラスの中から「いじめ」が少しでもなくなれば幸いである。

目次

第4章 教師、いじめとの闘い 125

第5章 いじめとの闘いをどこまでも 165

解説

第1章

差別を見のがさない

1　子供集団には教育力がある

差別が発生するきっかけは、最初はほんの小さなものである。

となりの女の子と机をほんのちょっと離すとか、その子と一緒のグループになるのを避けるとか――ささいなことなのだ。

そして、その小さなきっかけのうちに、それを取り上げるのが教師の仕事である。

その仕事を簡単に言うと、次のようになる。

A　小さな差別を見のがさないで取り上げる。

B　差別を批判する時は、「お説教」ではなく、クラス全員を味方に付けつつ行う。

C　批判はたたみかけるようにする。

若い教師の陥りやすいまちがいは、自分一人で批判してしまうことである。クラスの子供たち全員を、教師の味方に付けながらやるのを忘れるのだ。

たとえば、ある男の子が、日頃よりいじめられている女の子を殴ったとする。

教師がその男の子を、くどくどと説教すると、多くの場合、男の子はふてくされる。あれこれ、言いのがれをする。

他の子はあきてきて、教室はさわがしくなってくる。一度、二度ならシーンとするだろうが、回が重なれば騒然としてくる。

こんな方法は、あまり効果がない。

私なら、殴った男の子を教室の前に立たせる。みんなの目がその子を見る。

そして、一人一人に「女の子を殴ったことをどう思いますか」と聞く。

どの子も「よくない」というようなことを言うはずだ。

中には、子分みたいな子がいてかばうかもしれない。そういう時は、この問題が一通り終わってから、かばった意見を取り上げればよい。

こうして、クラスの一人一人が立って、男の子の批判を口にするのだ。

これは、男の子にとってこたえる。教師の言うことには平気だった子も、クラスの友人の声には動揺してしまう。

このように、「子供集団」には、教育力があるのだ。

クラス全員の批判が終わった後で、「今のクラスの友達の意見についてどう思う」とたずねる。

その子は、反省らしき言葉を述べるはずだ。

その子にとって、教師の批判には耐えられても、クラス集団への帰属を拒否されることは、耐えがたい苦しみだからである。

「集団への帰属」という意識は、本能ともいえるほど強い。

だから、「集団には教育力がある」のだ。

「子供集団には教育力がある」という原則は、教師の世界では様々な場面や組織で実践されている。

「生活綴り方教育」もその一つであり、「全国生活指導研究協議会」もその一つだ。「大四小の児活（大森第四小学校の児童活動）」もそして「知的学級集団研究会」もそうである。

「子供集団には教育力がある」ということを前提としながらも、その後の「教育の組み立て方」は、それぞれに違っている。

教師は、「子供集団には教育力がある」という原理を使いこなさなくてはならない。

ところがこの点にまったく無頓着な教師も多い。

かつて「学生運動」を経験した層は、よかれ悪しかれ、「自立」という問題と「集団」

という問題を体験しなければならなかった。

「学生運動」が衰退してかなりの年月がたつが、「自立」や「集団」のことについて、無理解の人も多くなった。

その点、子供の方が、「集団の教育力」を使いこなす。

典型は、「小学校高学年女子」である。

この年頃になると、教師の教育力の弱いクラスでは、特定の女子がグループを作り、何人かをそこからはじくという状況が生じる。

この状況は、子供自身では決して直せない。一たび発生したら、教師が破壊するしかない。

もし、グループの一人が反省して、「仲間はずれ」をなくそうとすると、今度はその子が仲間はずれにされてしまう。これは、グループのリーダーとて例外ではない。

自分たちの作ったルールに、自分たちがしばられてしまうのだ。

こんな時、教師がそれに気付き、「仲間はずれ」にするルールを壊さなくてはならない。

2　グループ分けで一人の大切さを教える

ふだん、クラスの中で孤立しているたった一人の子……そのような子でも大切なのだということを分からせるために、次のようにすることがある。

たとえば、遠足のためにクラスで五つのグループを作らなくてはならなくなった時。どんな方法でグループを作るか、子供にたずねる。すると「クジ」とか「班ごと」とかいう中に、必ず「好きな者同士」という答えが出てくる。

私のクラスでは「クジ」か、それに似た方法がとられるが、「好きな者同士」を取り上げる時もある。

しかし、この時は、心してかからないといけない。必ず条件をつける。

たとえば、次のようにである。

「『好きな者同士』という案が出されました。賛成が多いので、この方法でもいいと思います。ただし、条件があります。この条件がダメだった時は、別の方法でやってもらいます」

第一は、三分以内で決めて下さい。それ以上時間がかかったらダメです。グルー

プに入れない人が一人でもいたら駄目です。

第二は、他人のことを無理矢理ひきこまないで下さい。「好きな者同士」ですから、無理にひきこんではいけません。

第三は、入りたくなかったら、無理して入らなくてもいいということです。自分から入ろうという気にならない人は、無理してはいけません。

第四は、もし、班がうまくできなかった時、他の人の責任にしないで下さい。誰かの責任にしたら、二度とこういう方法はとりません。


子供たちはうきうきして聞いている。中には、聞いていない子もいるが、これは大切なので、しっかりと聞かせる。

そして、「グループ分け開始」と宣言する。子供たちは、喜々として友人を誘う。すぐにできるグループがいくつかある。

ところが、隅の方で一人、二人ポツンとしている子供がいるものである。

自分たちでグループを作ったところは、こういう子たちの存在に気が付かない。グループを作れたことで舞い上がっているからだ。

三分などすぐに経ってしまう。

終了を告げる。

すると、大半のグループはできているが、何人かが残っている状況が明らかになる。

そこで、「この方法ではうまくいかなかったので、約束通り別の方法でやります」と宣言する。

ここが大切だ。へたにやると教師不信が生まれてしまう。

だから前もって、十分にこのことを予測したことを言っておかなければならない。

また、子供の方から、「その子たちを私たちのグループに入れます」というようなご都合主義的な発言が出たりする。

しかし、これも拒絶するのだ。

きっぱりと。

「その子たちを入れるとは失礼じゃないですか。逆に、その子たちの方があなたたちを入れてやるということかもしれませんよ」

こうしたことを、こんな時にははっきりと言ってやるべきなのだ。そして、直ちに、クジなど別の方法をとる。

「好きな者同士」という方法でのグループ分けは失敗した。しかし、これは実に貴重な経験となった。

「好きな者同士」によるグループ分けは、実は「好きでない人」のことに配慮しないと成り立たない、ということを学ぶのである。遊びの中では、そんなことさえ考えないのだ。

教師が作った意図的な条件の中では、そのことが大きく作用するのである。

「好きな者同士」だけのことを考えると「好きな者同士になれない」という経験は、子供たちを成長させる。

次の機会に、また同じことをする。すると、子供たちの動きが、はっきりとちがってくるのである。

「好きな者同士」が集まるのは、あたりまえなのだが、他の人のことも意識するようになるのだ。

私は、班づくりの時や遠足のグループ分けの時にこの方法を試した。

そして、一学期最後の、日光林間学校の部屋分けでも試みた。

この部屋分けは、男子を二つに、女子を二つに分けるのだが、きれいに分かれた。

クラスの中に、一人でも「このグループではいやだ」と言う子がいたら、無理にグループに入らなくてもいいことを強調しておくことがポイントである。

これは、教師が保障してやるべきことなのである。

そんなところから出発して、やがて、自分たちでグループ分けができるようになることが――そこには、子供なりの成長が見られるのだが――ことが大切だ。

こうすることによって、一人ぼっちの子も、クラスの中に所属していくようになる。

3　その瞬間に解決する

私のクラスとて、普通のクラスである。

男女、仲よくても、いろいろな事件が生じる。その事件を、一つ一つ具体的に解決していくことは、教師の仕事である。

そうじが終わった後、一人の女の子が泣きながら訴えてきた。音楽室の戸を誰かに閉められ、中に入れてもらえなかったとの訴えである。

私は「そういう話は、みんなで聞こう」と言って、他の子たちを静かにさせた。女の子は泣きながら、戸を閉められて中に入れてもらえなかったことを話した。

やったのは元気な男の子だが、みんなに訴える女の子の話を聞いていて、べそをかいていた。泣いたことのない子である。

私は、女の子の話を聞いて、男の子に「その通りか?」とたずねた。男の子は「ウン」とうなずいた。私は「あやまりなさい」と言って、男の子に「ゴメンナサイ」を言わせた。

これで終わりである。

その後、すぐに付け足した。

「男の子は、ほんのいたずらでやったのです。男の子は、そんなことをしたいものなのです。先生もやりました。でも、女の子にとっては閉め出されたことが、ショックだったのです。だから、意地悪ではないいたずらはいいけど、泣くまでのことをしては、やっぱりいけないのです」

これで、男子も救われたことになる。

こうしたトラブルは、その場でその瞬間に、長々と時間をかけずに、きっぱりと明快に解決してやるのが、教師の大切な仕事なのである。

4　教師だけが解決できる

教室での差別の構造を破壊できるのは、教師だけである。

教師だけが解決できるのだ。が、これは、なかなか困難な仕事である。

どれくらい困難かというと——差別の構造をなくしていこうと、熱意ある積極的な教師がまわりの多くの人々からすばらしいと絶賛を受けるほどに実践した結果、やはり自分もまた差別をしていたことを甚《いた》くかみしめざるを得ないほど困難なのである。

力量が劣る教師は……それは必然的に差別する側に陥るのである。クラスで跳び箱が跳べない子はそのままにされることで、（いくら教師がそんなことはどうでもいいんだと言っても）多くの子はそのことで劣等感を持ち続けるのだから。

漢字テスト、計算テストをやってみて、一部の子にしか満点をとらせられない教師もまた差別者だ。いくら、その教師が公平にしようと努めても、毎日の授業の中から差別が生産されるのだから。

私は差別に対して立ち向かっている教師の熱意に敬意を表しつつも、その技量のあまりの未熟さに呆然とすることがある。熱意だけで差別はなくならないし、研究だけでも差別はなくならないからである。

「あいつは跳び箱が跳べない」「あいつは計算ができない」「あいつの絵は下手だ」などと、子供たちが心の奥底で友人を評価している時、そんなことを払いのける事実を生むことこそが、差別を崩していく。

そして、そういう闘いができるのは、教師だけなのである。

差別の構造をなくしていくには、教師がその中心になること。教師の技量を絶えず高めていく勉強と努力をすること。そしてかなりの結果が出たとしても、なお自分の慢心を否定していける謙虚さと自己否定の精神を持ち続けられること。これは、差別をなくしていく教師なら誰しもが持たなければならない前提だ。

大学卒業後七年間の私の実践は、そうした考えで生まれたものである。

5 「差別」を見つけ、それと闘う

教師になったばかりの人が、「どの子の力も伸ばす」という境地に到るのは、はるかかなたのことである。まずは目の前の現実を何とかしなくてはならない。

私自身も体験したことなので、よく理解できる。

そんな場合でも、やはり、差別をなくす基本は「どの子も伸ばす」実践を創り出すところにあるのだということを忘れないでほしい。

いや忘れないどころか、そのための努力をいつもしてほしいのだ。

目の前の現実を見て「差別をなくしていく」ためには、とりあえず二つのことが必要だ。

> 第一は、差別の事実を発見すること。
> 第二は、差別の事実と闘うこと。

差別の事実を発見することは、けっこうむずかしい。差別というのは、教師の目を盗んで、教師の目をかすめて行われるからだ。

もし、教師の前で堂々と差別がされているのなら（たとえば、〇〇ちゃんはくさいから遊ぶのいやだと、言う子がいる）、その教師は子供から相手にされていないという状況ができあがっているのであり、授業そのものも大混乱をきたす前兆であり、いずれ保護者の署名などが校長に出される事態になることが予測される。

これはもう非常事態であり、「あんたには教師の資格がない」と、子供たちが言っているのと同然だ。原因はむろん、教師本人にあり、担任が替われば一日で解決できることだ（が、そうはできないシステムになっているが……）。

非常事態にある教師は（新卒教師がよくこうなるのだが）、よほどの覚悟を決めて、勉強し、努力しなくてはならない。そうすれば、ほとんどの場合「非常事態」は解決できる。

しかし、「非常事態」なのに、それに気付かず甘く見ていると、事態は刻々と悪化する。

反面、「それなりの学級経営がされていて」かつ「教師が注意深い人」なら、兆しをつかまえることができる。

学級の子供の誰かが訴えてくれたり、日記に書いてあったりするからだ。

もっと確実なのは、「一人ぼっちの子の調査」などをすれば発見できる。

こうして、クラスの中で孤立している子、みんなと遊ばない子を知っておくのは必要なことだ。ただ、私の三十数年間に及ぶ教師生活の中で、もっと大切だと思える場面がある。

それは、たとえば次のような場面だ。

クラスで席替えをする。すると、ある女の子のとなりになった男の子を、まわりの子がはやしたてる。男の子本人も、いやがる。

これは、クラスの男の子の間で、暗黙のうちに、時には公然と差別をされてきた女の子がいたということだ。これに近いことは、頻繁に生じる。

注意深く見ていると見付かるものだ。これをほうっておくと、その子から給食を受けとらないというような事態にまで発展する。

このようなことは、芽が小さいうちに教師が取り上げ、毅然と対処することが必要となる。

これは闘いである。闘いなのだから勝たねばならない。

まずは、現象を取り上げる。

> ○○君、となりの人と机を離してはいけません。くっ付けなさい。

子供は、しぶしぶ付ける。

ここから、「闘い」は始まるのである。むろん、その子と闘っているのではない。差別を生んでしまっている現在の学級のあり方に対する闘いである。

6　席替えの時のひやかしも見のがさずに

さらに、次のような場面もある。
クラスで席替えをした。
ある女の子のとなりになった男の子を、まわりの子がはやしたてた。
これは、小さな現象だが、見のがすことのできない現象である。
必ず取り上げ、毅然とした態度で対処しする。

> ○○君、となりの人と机を離してはいけません。くっ付けなさい。

男の子はしぶしぶ机を付けた。が、問題はここからである。

> ○○君、どうして机を離したのですか。理由を聞かせなさい。

毅然として言う。

こんなことを許してはならないという教師の気迫こそ大切である。

まわりの子はシーンとする。しぶしぶ机を付けた男の子は、何も言わないまま黙って下を向いている（多くの場合、このようになる）。

○○君、どうしたのですか。理由を聞かせて下さい。

教師は、さらにたたみかける。

教室はシーンとなっている。もし、こんな時、おしゃべりする子がいたら、

「○○さん、先生は今、ものすごくおこっているのです。この真剣な雰囲気をこわすようなおしゃべりはしないで下さい」

というように、静かにさせる。

さて、当事者である男の子はまだ黙っている。

しかし絶対、中途半端にしてはいけないのである。

○○君、どうしたのですか。そうですか。言わないのですか。では、言うまで待

ちましょう。

このように言う。まわりの子への対処も必要だろう。

「○○君が言うまで、漢字の練習をしてなさい」

「○○君が言うまで、目を閉じていなさい」

などのように、指示する。

このあたりで、多くの子はべそをかく。べそをかいたら、一応はしおどきだ。

> ○○君。自分から、いけないことをしたと思っているのですね。
> (○○君はうなずきます)
> 先生は、こんなことが大嫌いなのです。二度とやらないで下さい。

こうして、○○君から離れる。教室にいる子たちは少し、ほっとする。

が、二の矢が飛ぶ。さっき、野次を飛ばしていた△△君や××君をそのままにしてはいけない。

とはいえこの段階で、はやした全員の相手をするのは考えものだ。中心になった、一人か二人だけを取り上げる。

△△君、立ちなさい。あなたはさっき○○君をひやかしてました。あれはどういうことですか？

前よりもっと教室の空気は緊張する。△△君は黙ったままである。

もう一人ぐらい立たせる。

××君。あなたはさっき○○君をひやかしてました。あれは何ですか。

時には、素直にわびる子も出てくる。

「ごめんなさい。ぼくはわるいことをしました。もうしません」

男の子でも泣いている。

こんな時ももちろん、その発言を取り上げる。

「そうですね、よくないことをしました。でも、まちがいは誰でもあります。まちがいをしたら謝り、二度としなければいいのです」

こういう子が一人出れば、他の子も次に続く。でも、多くは立ったままだろう。そんな時、教師は聞いてみる。

△△君、あなたはよいことをしたのですか。

ふつうの子なら、かぶりを振ります。

△△君、わるいことをしたのですね。

△△君は、頭をこくりとする。

そうしたら「もう二度としないで下さい」と言ってすわらせる。××君も同じようにする。

ここまでやって、さらに付け加える。

〇〇君のことを、ひやかした人、全員立ちなさい。


こんな時には、全員が立ち上がるものだ。

でも、立たない子がいるかもしれない。

子供同士でぶつぶつ言う子がいるものだ。「〇×君も言ったよ」などということである。

ここは、一気に静かにさせなくてはいけないところだ。

ダラダラしては駄目だ。

私なら、次のように言う。


人のことはどうでもいいです。自分で判断して立つのです。

もしかして、立たない人がいるかもしれません。

でも、そんな人のことを友だちはみんな見ています。

卑怯でずるい人は、友だちを失ってしまうのです。

もう一度言います。

〇〇君のことを、ひやかした人は立ちなさい。

このくらい言うと、みんな立つはずだ。

立った子には、短く叱る。

「正しいことをしたと思う人は手を挙げてごらんなさい」

誰も手は挙げない。

「先生は、こういうことが大嫌いです。今度やったら許さないですよ」

こう言ってすわらせる。

ここまではスタンダード型で、多くの子はこうなる。

が、こうならない場合もある。教師が甘く見られていると、反発する子も出てくるからである。

7「詰め」をしっかりと

〇〇君、どうして机を離したのですか。

とたずねた時に、黙っているのではなく答えが返る場合がある。たとえば「何となく」である。こんな場合も許しては駄目だ。これは、闘いなのである。闘いは、相手を追いつめなくてはならないからだ。

私はクラス全員に聞く。クラス全員を教師の側につけることは大切だ。

みんな聞いたでしょう。〇〇君は、何となく机を離したそうです。先生はちがうと思ってます。〇〇君は、何となく机を離したと思う人は手を挙げてごらんなさい。

子供たちは手を挙げない。挙げても一人か二人だろう。

私は言う。

〇〇君。みんなは君の言うことがおかしいって。先生もおかしいと思う。どうして机を離したのですか。

ここから先は、前に続く。
あるいは、〇〇君は、もっとすごいことを言うかもしれない。

となりの子がいやなのです。

せっぱつまって、本当のことを言うのである。こんな時に、「みんなはどう思う」などと、のんびりした態度をとるのはよくない。クラス中がだらけてしまう。
私ならこう言う。

となりの子が、いやなので机を離した。
分かりました。でも、そんなことをする〇〇君を先生は嫌います。
これからは、君には、よけいなことを言いません。他の子にもそうするようにすすめます。

それでいいですね。


どんなに意地のわるい子でも、ここで観念する。「先生も同じことをしたまでです」と言えば分かるからだ。こうして、あくまでも闘うのである。

けれども、世の中は広いので、一人ぐらい「それでもいい」と言う子がいるかもしれない。

困ったことだが、それでたじろいでは、教師がすたる。


そうですか。

では、そうしますが、事情を君のお父さんやお母さんに説明しなくてはなりません。

これは、特別なことなのです。校長先生にも入っていただきましょう。

ところで、君のお父さんやお母さんは、いつなら学校に来られますか?


この段階に及んでまで、自分の我を通そうとするような子はいない。

自分の非を認める。

席替えの時の小さな現象——でも、それを見のがしてはいけないのである。最後の最後まで、追及するぐらいの気がまえが必要だ。

8　まず、いじめの場面をえぐり出す

こんなことが一回あると、クラスの中は見ちがえるほど変わる。

子供は、それまで歯止めがなかったから「いじめ」「差別」への道を突き進んでいたのだ。

教師が、とりあえずの歯止めになる。

もともといいこととは思っていなかったのだ。ただみんなに同調しないとのけものにされるのでやっていたのだから、「とりあえずの歯止め」を作ることで、かなり大きな変化となるのである。

この「歯止め」を作ることは、教師の大切な仕事だ。

「歯止め」の場面のない教室では、「いじめ」「差別」が蔓延《まんえん》し、進行していくのだ。

何度も言うように、「いじめ」は、教師だけがなくせる。

教師の大切な仕事なのだ。

いじめを見付けるのは、教師の仕事である。

いじめを取り上げ「第一の歯止め」をかけるのも教師の仕事なのである。

これができなければ、教師としてはまだまだアマチュアなのだ。

「いじめに歯止め」をかけるのは、お説教をすることではない。

この点をまちがえる人がいる。

お説教など、あまりききはしない。

「いじめ」の場面をえぐり出し、それをした子を追いつめることが大切なのである。

「追いつめる」と言っても、むろん「教育的」なものだ。

「追いつめられた子」を、反省した子を、救ってやることはむろん重要である。

これは闘いだ。お説教くらいで解決できる代物ではない。

「いじめ」をした子の心に、「痛み」を生じさせることを通して、「いじめ」をしない教育をしていくのだ。これは、教師にしかできないことである。

9　年度始めにいじめを発見する

一九八二年、四年生を担任した時のことである。クラスの一人の女の子（その子はとっても静かな子だった）に対する「いじめ」を感じた。

私は、すぐに手を打ち、新学期まもない四月一〇日、次の学級通信を書いて、親の協力を暗に求めた。

◆学級通信「アチャラ」No.5　一九八二年四月一〇日　調布大塚小学校四年二組

人の絆は幾重にも

何となく気にかかった。見すごしてもいいのかもしれないが気にかかった。「友だちの良い所」を書いたカードを読んでいてである。昨日報じたように、「いじめられたときなぐさめられた」という文がいくつかあったのである。この程度ならどこにでもある。気にかかったのは、このように書いてあるカードは、文に迫力があったのである。文の量も他の子の三倍もある。つまり、それだけ熱心に「いじめられた子」は書いているのである。なぜこれほど熱心に「助けられたうれしさ」を書いたのか？　推定できることは一つ。「いじめ」が激しく行われたのである。

だから私は子供たちに聞いた。

「激しく、いじめられたことのある人、手を挙げなさい」

何人かが手を挙げた。「みんなは知っていましたか?」と聞いた。男の子は全員「ハァーイ」というように手を挙げた。女の子は数人が、ひっそりと手を挙げた。女の子の手の挙げ方に「いじめ」の「組織性」を感じた。

だから私は子供たちに言った。

「いじめられた人がいるということは、いじめた人がいるということです。いじめた人が誰かは聞きません。また知りたくもありません。もし、私は三年の時にわるいことをやったと思ったら日記に書いていらっしゃい。それで三年までのことは全部終わりにしましょう」

そして、私は口調を変えて言った。

「しかし、これからそのようなことがあったら、絶対に先生は許しませんよ。先生は教育のプロです。先生にかくれてこっそりやったとしても必ず見付けます」

子供たちは、張りつめたように緊張した姿勢で聞いていた。

いじめられた子は、さぞやつらく悲しかったことであろう。家の方も心を痛められたことであろう。

また、いじめた子も、心ぼそくさびしかったことであろう。「いじめ」をしている組織は、「やらないと仲間はずれにされる」という心ぼそさによって支えられているのである。

かわいそうなのは「いじめられた子」ばかりでなく「いじめた子」も、なのだ。

幼児から少年・少女になる時、子供は自分の世界を広げようとする。大人の世界に入ろうとする。静かに入るのではない。批判したりぶつかり合ったりしながら入るのだ。これが反抗期である。反抗期は、「序の口」からぬけ出す時の「ぶつかり稽古」なのである。だから「反抗期」がないと、いびつにしか成長しない。

一方、大人への「ぶつかり稽古」は、一対一では無理である。だから子供は集団でぶつかろうとする。群を作ろうとする。この年代のことを「ギャング・エイジ」というのはそのためである。

「わるさ」「いたずら」「ひやかし」なども、それ故に生じるのである。「いじめ」もそうであるし、しばしば「万引き」すらもそうである。この年代の万引きは、多くの場合大人への挑戦であり盗みの意識もうすい。事実、手にするのも学用品、お菓子などなのだ。

もちろん「いじめ」はわるい。「万引き」もわるい。しかしそれらは成長過程に生じて当然の一つのトラブルである。適切に解決すれば、またとない教育となる。子供たちの挑戦に応えられる教師でありたい。また、親であってほしいと思う。親同士が悪口を言って、あるいは他人の子の悪口を言って、どうして子供を成長させることができようか。子供たちの成長をしっかりと支えられる親たちであってほしいと思う。どの子も四年二組という集団の中でこそ成長していけるのである。これが担任をして三日目の、私の保護者に対するお願いである。もしも、保護者の絆がしっかりすれば、私は私の全力を尽くして、この子らの教育にあたろう。

第2章

いじめ、親は訴える

1　ある母親の訴え

次の文は、ある母親の回想である。我が子のいじめに立ち向かう母親の姿は、切々として心に迫る。

しかし、「いじめ」に対して、母親は何と無力なのだろうか……。

日本中、どこの学校でも起きている事件である。

ある母親の手記(前)

思い起こせば、あれは、娘が五年の二学期の事でした。

①　私の子供がいじめられる

私の子供が、いじめにあってるなんて、どうしても信じられなかった。

「あの子、近所からも、親類からも、誰からも、多数の人たちから愛され、かわいがられ続けてきた子なのに……。信じられない！　絶対、まちがってる！　何かのまちがいでしょ」と思った。

でも、事実だった。娘のクラスメイトから知らされ、身体があつくなった。その夜、先生に電話を入れた。「気を付けて見ていてほしい」と……お願いした。先生は、まだ気付いていなかったため、不安だった。

やはり「夢」でもない、小説の中の出来事でもない、現実に、私の子供の身の上に起こっていた。

「私が守ってあげるから、大丈夫だから」と、心の中で叫んでいた。

娘は、その事については、余り積極的に話そうとしない。口が重く、私が聞いた事だけに返事をしたのを、はがゆいと思った。

「でも、昨日まで、そんなそぶり一度も見せなかったのに。いったい、いつ頃からだったんだろう?」

② まわりの子供に娘の事を頼んだ

私は、同級生や、クラスはちがっていても近所の子供たちに、かたっぱしから聞いて歩いた。そして、必ず、その子供たちに娘の事を頼んだ。数多くの、いろいろな事が分かった。

ショックだった。くやしかった。三〇人の敵ともいうべき団体が、毎日毎日、次から次へと、形をかえて「こうげき」してくる「いじめ」に、私の子供はたった一人完全に取り囲まれてしまっていた。

とめどなく涙が出た。あふれた。けなげな、かわいい寝顔を、思いっきり抱きしめた。

「絶対に守ってあげる、守りぬいてみせるから」

でも、どうして、私の子供がいじめられるの？　どこかで、まだ、割りきることができなかった。

③　トイレをのぞかれる

「いじめ」は、よくテレビで話題になっている。いじめ方も、よく似ていた。帰ろうとしたら、「クツ」が片方ない。もちろん、学校に着いた時には「上グツ」もなかった。でも、いつも、ちょっと見わたせば、すぐ目に入る所に置いてある。

放課後、トイレで用を足している最中、となりの個室からのぞかれる。

呼び出しの手紙は、数えきれなかったようです。

娘にとっては、長くつらい学校生活だったでしょう。

④　遠足に行きたくない

遠足の前日のことでした。学校から帰ると、娘は初めて、私に「お母さん、明日、行きたくない」と言って泣き出した。

とっさに、私は「この子が口に出して言うほどだから、よほどの事があったんだろう」と思った。

「どうしたの？　何があったの？　お母さんに言ってみなさい」

私も、いつの間にか、涙声になっていた。するとポツリポツリと話し始めた。

明日のバスの席順を、先生は、好きな子同士で組むように、と指示された。娘は、当然一人です。

一番前の席で、娘は下を向いて、泣いていたそうです。

様子が、目に見えるようでした。と同時に、先生に対して、私は怒った。腹が立った。

「先生も分かっていながら、どうしてそんな事？」分からなかった。

⑤　学校へ行かなくていい

「もう、行かなくていい！　明日から学校へ行かなくていいから。家庭教師でも何でも、勉強する方法なんか、あるんだから。お母さんが行かせないからね」声がふるえていた。

私は、いつもひかえめで、中立の立場にいるであろう友達に電話を入れた。

「休ませるから、明日、先生に、言ってほしい」と頼んだ。友達は、いつもの、はっきりした口調じゃないけれど、「はい」と言ってくれた。その友達は、理由が分かっていたのでしょう。

その友達はすぐに、先生に連絡をしてくれたらしい。きっと、かげながら心配してくれているのでしょう。

私が、直接電話を入れるべきだったのかもしれないが、先生に相談する気は、もうなくなっていた。

⑥　先生は娘に言い聞かせた
一時間ほどで、先生がみえた。

「休んだら、君が負ける事になる」と、娘に言いきかせている。

私は、学校であったことをきいてみた。「どうして、ああいうやり方だったのか」と。するど、先生は「ああすることで、自分の存在が、どこにあるか、分かっただろうから」と言われた。

何か、先生も一緒になって、娘をいじめているように思えた。先生、そう思いませんか？　おかしいですよ。

私は、一度授業をつぶしてでも、クラスで話し合ってほしいとお願いした。理由も分からないで、このまま日がたっていくのは耐えられないと思った。

けれど、先生は「少し待ってください。これがまた、逆の結果をまねくこともあるので。これ以上の圧力がかかってくるかもしれません」

返す言葉がなかった。

時計は、一一時を回っていた。同じ事のくり返しのような気がした。娘も眠そうだった。

「とにかく、明日は行こう」と、そればかり。

時間的にも、いやいやだったろうと思うが、娘がうなずいた。

娘は布団に入ると、すぐ「ねいき」がきこえた。

頭をなぜながら、私はまた泣いていた。

「あんたはえらいよ。もう一日、がんばるんだもん!」

⑦　何も手につかなかった

よく日、娘は、いつものようにでかけた。

「がんばってね、お母さん待ってるからね、早く帰って来てね」

笑顔で見送った。

何も手につかなかった。私は友人に相談した。

「見てごらん、あの子は、まだ母親の『におい』が残ってるから、子供はそれを敏感に感じとるものって、本に書いてあったでしょ」いくら親友でも、頭に来た。きつい言葉だった。

「いじめる方も、いじめられる側にも原因がある」「家庭環境、親のあり方、しつけにも原因がある」等々と言われた。

遠足は、何事もなかったようでした。

「となりの子が、よく気をつかってくれたからよかった」と娘。私はホッとした。

⑧　先生からの電話

数日たって、先生から電話。

「一人友達になってくれた子がいるから、少しずつ和らいでいくでしょう」との事。その友達は、家にも遊びにきてくれた。

以前にも、よく来てくれていた子でした。

娘にとって、決してベストな友とはいえないが、一人ぼっちから、少しでも解放されただけでも、救いの神に思えた。

活発な子ですから、毎日、学校でいじめにあった事を詳しく教えてくれました。そのたびに、「頼むね」と、私は言っていた。二人対二六人の「葛藤」が、大小さまざまに起こっていました。

⑨　ボールペン事件

一二月初旬、ボールペン事件が起きた。

ある子のボールペンがなくなった。それと同じボールペンを持っているのは、娘だけ。「みんなの目が、私の方をにらみ、その目がこわかった」と、娘は言っていた。「あんたでしょ、どろぼうしたの」「昨日、ろうかで何か拾ってるの見ていたよ。あの時、このボールペンだったんでしょ」。娘は「これは妹からもらった」と、言ったそう。さっそく、集団で妹のところへ確かめに。それでも、分かってもらえなかった。

私は前日、妹がボールペンをあげているところを見ていた。

何かを拾ったというのは、洋服のボタンなのです。「取れたから付けておいて。落ちたのに気が付いてよかった」と、娘が言っていましたから。夜、先生からの電話。

先生は、「やっぱり、本当でしたか。よかった」と言っていた。

娘の言う事が信じがたかったのでしょうか。またまた私は、先生に対して、いらだちと、じれったさを感じてしまった。

あくる日、なくしたという子のボールペンは、家に置いてあったそうです。

⑩　グループごとの話し合い

よく日、これがきっかけで、先生はクラスを三つのグループに分け、別々の場所で話し合いをさせた。

「一応、みんな分かってくれて、泣いている子もいたし、反省したようです。お互いにあやまり、〇〇さんにもあやまるように言い、小さな声ではあったけれど、あやまってくれました」とのこと。

何か割り切れない気持ちがあったけれど、これで和らぐのなら、と思った。

でも、何が原因で、いじめが始まったんだろう。

先生は、原因はないと言われた。

「おかしいな、そんなにうちの娘、何もしてなくても、気にくわない存在なのかなあ」

でも、今から思うと、子供たちは、原因までは、この先生には話せなかった。話す気になれなかったのでしょう。

娘が、前に「お母さん、あの先生に相談してもムダだよ。もう、みんなバカにしてるから、あだなもすごいし、上手に悪いことすれば、絶対分からないし」と言っていたのを思い出した。

⑪　先生は頭のいい子を信じた

なるほど、そういえば、何か起きても、後から人に聞いて分かるもの、と思った。「頭のいい子の言うことは絶対信じて、他の子には、頭から叱りつけるし」と。子供の目からみた先生の存在でしょう。

期待していたほどの仲間づくりはできないまま、春休みが来た。五年が終わったのですが、クラスも先生も替わることがないんですから、「また一年続いたらどうしよう」と不安でした。娘は、「いやだなあ、また六年も同じ先生か、四年生まであんなに楽しかったのに、いやだなあ」と言いました。

⑫　先生の異動を祈る

私も、あの子が三年まで通っていた学校へ転校させてしまおうと、引越も考えていました。

先生の異動が報じられる新聞を読み、「きせき」がおきてくれるはずがないと思いながらも、くまなく探した。残念だった。

そして、新学期。「ただいま、お母さんお母さん、先生替わった！　先生、替わったよ」「ええ！　どうして、本当？」私も、声がうわずっていた。（次頁に続く）

2 続・ある母親の訴え

一年間いじめられて、耐えに耐え、涙を流し続けた母親が願ったのは、「担任が替わる」ということだった。

祈りが天に通じたのか、担任が替わった。

新学期、子供は、家にかけ込んできた。

ある母親の手記(後)

① 新学期、先生が替わった

新学期。

「ただいまーお母さん。先生替わった。先生替わったよ。今日、おもしろかったよ」

たった二時間ほどの学校の様子をあれこれと、娘は息づかいもせわしないほどに早口で教えてくれた。私も、何度も何度も聞いた。同じことでも、何回聞いても聞き足りないと思った。うれしかった。希望がもてた。

② 娘がお腹の底から笑う

よく日から、娘が帰って来るのが待ちどおしかった。

お腹の底から娘が笑っているんです。目がキラキラしていて、相変わらず話すテンポが速く、見ているだけで、私は久々に心の「やすらぎ」を感じた。

学級通信をまとめて三枚受け取った。その中に「いじめ」のことが書かれていた。

「先生、前のこと知っていたんだなあ」

それから二週間ほどで先生から電話が入り、少し早い家庭訪問があった。気にかけてもらっているというだけでうれしかった。

③　新しい先生は気付いていてくれた

この先生は五年の時から、娘の変化に気付いていてくれた。

一年かかっても、娘のことを何も分からない先生もいれば、かげながら「あの子、どうしたんだろう」と心配してくれる先生もいる。

くじ引きじゃないけれど、当たりはずれって、こんな所でもいえると思った。毎日毎日、子供が帰って来るのが待ちどおしかった。ついこの間までの不安も、うそみたいでした。

④　力強い先生の言葉

先生の「責任もって、お子さんを預かります」という、あの力強い言葉に、私は信頼感をもった。家の中でも、娘がとびきり明るくなった。

こうでなきゃ、私の家庭じゃないもの。

夜も、よく眠れるようになった。

娘のアトピーも次第に和らいでいた。

⑤　いじめのリーダーが遊びにくる

いじめのリーダーだと思い込んでいた子が、遊びに来てくれた。

私も、何だかドキドキ、娘も何となく、ぎこちない様子。

私まで、仲間に入れてくれた。にぎやかだった。実におもしろかった。

前に先生から「あの子（娘のこと）はポーカーフェイスなところがあるから……」と言われたが、本当に、私もそうだと思った。

家族の中での娘は、叱る必要のない娘なのだが、仲間との間では、なんというか、無表情さが目立った。

「ああ、そういう時は、こうやって笑ってごまかすの」とか、「もう少し、返事だけじゃなくて、何か付け加えると、後にまた会話が続くのに」（お母さんは六年生の時、もっと友達付き合いうまかったよ）と、声に出して言いたいくらいハラハラした。

六年といえば、もうこんなに成長している子供が多いのかと、初めて娘の「幼さ」が気になった。

テレビドラマの話、歌やら歌手の話題。とにかく、みんなは、物知りでした。私がいても、のびのびと歌って踊っている。いい意味で、何の遠慮もいらない、子供らしい子供たちでした。

(どおりで、この頃、鼻歌が出てくると思ったら)

もう立派に、大人と対応して、話ができるんですね、あの子たち。

娘が言っていました。

「何か、私のお姉さんみたい。尊敬するわ。あこがれるよ。みんなあの子には、絶対何にも言えないんよ」

そうでしょうね。娘にはとうていまねのできない、また娘に無いものばかりなのですから。
⑥　娘の弱さに気付く
このへんが、あの子のいじめられる原因の一つでもあるんだなと、初めて思った。

ケンカしそうになると、「どうかしたの? 私、何か悪いことした?」とすなおに聞ける子。反対に、今日、おかしいなあと思いながらも、聞けずに、そのまま一日が過ぎてしまう子。

私の娘は後者ですね。要領が悪いんですね。

こういう性格って、日頃どんなことに心がけていけばよいのでしょうか。

このことは、永久といっていいほど課題となって残るでしょうね。

性格だからといって、済ませていいのかな?

友だちは、入れかわりたちかわり、毎日、遊びにきてくれた。

この間の日曜日、四、五人でケーキを作ったんです。

みんな、エプロンやら卵やら持って来てくれて、六コも作ってしまいました。合間に、スプーンをマイクがわりに使って歌ってる子、まんがを読んでる子。見ていて、みんな、私の子供のように思えた。

ケーキは成功しました。楽しかったと言ってくれました。また作りたいとも言ってくれました。またいつか作ろうと約束しました。

この姿が、現在の私たちです。主人にも、ずいぶん気苦労をかけました。

事故もなく、つらい日が過ぎ去って、本当によかった。

⑦ 先生、心からありがとう

最後に、いじめの原因は、先生のおかげで分かりましたが、あえて、私はここに書く気持ちになれなかったので、失礼します。

ただ、あふれるほどの愛につつまれて育っている子供もいれば、どこかで淋しい思いを背負って生きている子供も、決して少なくないと思いました。子供の責任じゃないですものね。「物質的なことではなく、何かで満たしてあげられないものかしら」と思うことが、たびたびあります。

「いじめ」、長い期間に及んだこの言葉から、遠ざかることができました。六年生、よい先生と出会えてよかった。本当によかった。

最後の最後ですもの（楽しい想い出をいっぱいつめこんで卒業させてやりたいから）。

先生、心からありがとう。

3　先生が替わった

私はこの手記を読みながら、涙が出て止まらなかった。

この子の痛みを考えると、胸がはりさけそうだった。教師という立場にある者として、申し訳なくて申し訳なくてたまらなかった。

この担任の先生は、わるい先生なのだろうか？

「頭のいい子のことは絶対信じて、他の子には頭から叱りつける」先生だったようだ。だから、子供たちの信頼も得られなかった。

でも、遠足に行かないと言った前日、家を訪れ、夜遅くまで説得している。たとえ、その説得が無力だったとしても、足を運んでいるのだ。

また、グループでの話し合いをさせている。泣いて反省した子もいるようだ。いじめられた子に、一人の友人をつけてもいる。

こう考えると、「立派な先生」とは言えないかもしれないけれど、それなりに熱心な先生だったと思える。このような先生は、どこにでもいると思える。

この先生は、自分のことを、決して「力のない教師」とは思っていなかっただろう。

でも、「いじめ」は解決できなかった。

最後になって、親が願ったのは、ただただ「担任が替わる」というその一点だった。

異動を報じる新聞にまで目を通しているのだ。

そして、親の願いが天に通じたのか、始業式の日、子供は「先生が替わった」とかけ込んできた。

新しい担任は、「法則化の教師」で学ぶ教師だった。

4 新しい担任は子供の心をつかんだ

新しく担任になった教師は、始業式のその日に、子供の心をとらえてしまったのだ。子供は「たった二時間の学校の様子を息づかいもせわしないほど早口で教えてくれた」という。息づかいもせわしなく、早口でしゃべる子供の様子が目にうかぶ。きっと、楽しい、希望が持てるような二時間だったのだろう。母親は「私も、何度も何度も聞いた」という。「何回聞いても聞き足りないと思った」という。

私は、この部分を読みながら、涙があふれ出てしかたがなかった。よかったと思った。本当によかったと思った。

この新しい担任の先生は、法則化の先生だった。この先生がどのようにふるまったのかは、分からない。その先生に登場いただければいいのだが、傷つく人も出てくるのでひかえるべきだと思っている。

この先生は、母親の手記とともに次のような手紙を同封されていた。

法則化で学んだからこそ

向山洋一先生

法則化運動を知り、法則化サークルを作り、三年余がたちます。現在一六名です。ようやくつづくと思う人もいれば、まだまだ努力しなければと思う人もいます。それほど、まだ無関心な人が多いのは、私たちの働きかけの弱さにあると思い反省しています。

さて、私は、いじめのあるクラスを担任しました。私は先生の本で読ませていただいたことを誠意をもってやってきたつもりです。

おかげさまで無事、六年生を送り出すことができました。

ようやく一〇年目にして、プロらしい仕事のほんのすこしを果たせた気がしております。同封しましたのは、母親が六年生の夏にくれた手紙です。

このまま、三月までこられたのも、向山先生のご指導のおかげだと思っています。

本当にありがとうございました。

先生、私は、大学附属系の一部の人々や民間教育研究団体系の年輩の人々から、かなりひどい中傷をいまだにうけています。でも、ぜったいにまけません。

(私も、教師のロマンを求め続けたいといつも思っています。)

先生のお仲間の一人にぜひずっとおいていただければ幸いです。

S県　M・M

5　法則化教師は次々と手を打った

この先生は、私の著書から学ばれたと言われている。

私は本を書いてきてよかったと思った。

法則化運動を誕生させてよかったと思った。

この母親の手記が、法則化を学んでいる教師の便りが、何よりも物語っている。

さまざまな「法則化」への批難に対する何よりの回答である。

私たちは、このような事実を作りあげていきたいと思っている。

ここで大切なのは、「法則化だからすばらしい」ということではない。当時の法則化は五〇〇〇名を超える人々の集まりだった。そこにはさまざまな人がいる。未熟な教師も多くいる。学級づくりがうまくいっていない教師もいる。そして若い二〇代教師が圧倒的に多く参加していた。

しかも、ネアカの教師が多く、本を読んだり、研究会に参加したりする教師が多いので、ほとんどの人は腕を上げていくということだった。

この「いじめ」の例も、そうした実践の一つである。

私は「いじめ」の責任は教師にあると思っている。

ただ、「いじめの発生」を防ぐのは、いかなる教師にとっても不可能に近いことだろう。

どこにでも発生する。

むろん、よい教師のクラスではほとんど発生しないのに対し、力の弱い教師のクラスではすぐ生まれる。

どこでも発生するが、よい教師はすぐに解決する。

どうしてすぐに解決するのだろうか。

それは、「いじめを早期に発見する」からである。
そして「すぐに手を打つ」からである。
その上「打つ手打つ手」がつぼを押さえているからである。

技量の低い教師は、「いじめ」をのさばらせる。

それは、「いじめの発見」が遅れるからだ。
次に、なかなか手を打たない。
(すぐに手を打つとは、発見して一両日中に行動するということ)。
おまけに、ピントはずれの手を打つのである。

私はこの頃、五つぐらいの「いじめ」の例をくわしく聞いた。すべて「中学」での事例であった。

結論を言うと、「教師の対応が話にならない」ということだ。

重大ないじめが生じているのに、事実をまるでつかんでいない。学校としても「いじめ」をつかむシステムがない。「休み」が続くのに、担任から音信がない。二週間も休んで「電話」が一、二回あっただけだ。その後、おざなりの「教育相談へのすすめ」があって終わりである。「治る病気も治らない」と思った。中学の教師は忙しいのだそうだ。

しかし、大切な子供のことをさしおいて、一体、何が忙しいというのだろう。

最近のいくつかの事例から、中学における「いじめ」は、私は「ほぼ担任の責任」と思っている。担任が替わって、おさまった例もある。

「いじめは担任の責任」という主張を、私はもう少し具体的に、理論的に展開しようと思う。このことが、教師や父母にとっての常識になれば、少しは「救われる生徒」が生まれると思うからだ。

特に許せないのは、いじめのあるクラスの担任が「原因は子供にある」と言って平然としていることだ。そして、「授業がへったくそ」な上に「いじめに鈍感」なのだから、子供が荒れるのは当然である。

さて、「問題」の子を持った法則化教師は、次々と手を打っている。

手を打つ以前に大事なのは、担任したその時に「いじめられていた子」の存在を知っているということだ。

そしてこの時点ですでに、「方策を考えている」ということだ。

きっと「いじめた子」「いじめられていた子」の心の琴線にふれるような話をしたのであろう。

私もそうしたことがある。

こうして、法則化教師は、一日にして「いじめられていた子」の心をつかんでしまったのだ。前担任が一年かかってできなかったことを、わずか一日で、多分数十分のうちにやりとげてしまったのだ。

子供に手を打った教師は、早目の家庭訪問で親の心もつかむ。

この教室で変わったのは、「いじめられていた母子」だけではない。

「いじめていた子」も変化するのである。

いじめのリーダーが、いじめた子の家へ遊びに行くようになったのだ。

このような「いじめ」にあっている「子供」は全国でかなりいると思う。

私は「いじめられている子」の立場に立つ。「いじめられている子」の味方になる。

その立場は明快にして、断固としたものだ。この立場は「いじめている子」の立場でもある。

それはそのまま「いじめ」を解決できない教師――いや「いじめの存在に鈍感な教師」と対決する立場に立つことを意味する。

かなりの摩擦が生じるだろうが、しかたがない。

「いじめられている子」にとって、ことは緊急なのである。

しかし「鈍感な教師と対決する」といっても、これは「敵対的な対決」ではない。

同じ教師としての、仲間としての節度ある対決である。でも、それは、あいまいなものであってはならないはずだ。

人間的つながりを言い訳に「うやむや」にしてはいけないはずである。

だから、「いじめ」の構造、解決の方策を具体的に示すことが必要になってくる。具体的になれば、どこに原因があるのか示せるからである。

> あなたのクラスで(あなたの学校で)、「いじめ」をキャッチするシステムは、どのように作られていますか?
>
> ぜひ、ご意見をお寄せいただければと思います。

第3章

教師だけがいじめをなくせる

1　中学での「いじめ」へのアドバイス

これは、私が相談を受けた身近にあった実話である。

中学二年の男の子が、同級生にいじめられた。成績は中の下、スポーツの好きな心優しい子だ。

心優しい子だからいじめられたのだろう。

髪の毛をひきぬかれた。

帰宅後、外科医にかかり、大きな注射器にいっぱいの血を抜いた。

翌日、頭に包帯をまいて学校に行った。友人は大げさだと言ったそうだ。

頭部のはれは引かず、次の日も血を抜いた。この日から、学校を休むこととなる。さらに数日たっても、はれが引かず、外科医は「これは、おかしい。普通の傷ではない。手術が必要かもしれない」と診断した。

男の子は、学校でかなりの重傷を負ったわけである。もしかしたら、手術をするかもしれない。頭部の血を三回も抜いている。

学校を一週間休んでいる。

この段階で、学校から保護者には（担任からも、校長からも）何の連絡もない。

この子の人生にとって、転換点となった一週間は、こうして過ぎた。

男の子が、頭部に大けがをして、三度も血を抜いたこの一週間。学校を休んだ一週間。

これは、小さな出来事ではない。この子の人生を変えてしまったのだから。


私が許せなかったのは、この一週間の出来事を「教師は知らなかった」ということであった。一週間が過ぎて、やっと担任は連絡してきた。そこで、はじめて事の真相を知ることとなった。しかし真相を知っても、学校の対応はにぶいものであった。校長も見舞いに来ない。加害者の親も来ない。

男の子は「学校に行きたくない」と言う。朝になると頭痛がするからだ。

この段階で両親は「学校へ行かなくてもいい」と決意する。「進学」という進路を放棄する。

私も賛成した。

私は、次のアドバイスをした。

「事情を話してから何の進展もしていない。次の二つを学校に申し入れなさい。

第一は、校長が挨拶に来ること。

第二は、加害者の親に事情を言うこと」

私は、当然の申し入れだと思う。

そして、付け加えた。

「最後に次のように言うこと。もしその二つができないのであれば、これは教育上の事件ではなく刑事上の事件です。警察に被害届けを出します」

この申し入れをきっかけに、事は動き出した。加害者の親も、びっくりして飛んで来た。が、この子の人生を変えてしまったのにもかかわらず、その痛みを「学校」は感じていないようである。「いじめ」は時として人生を変えてしまうのである。

だからほんの小さないじめであったとしても、未然にこれを防いでいかなければならないのである。

2　先生の努力は分かりますが

私の友人の娘が、中学校で男の子に殴られ、救急車で運ばれるという事件があった。殴った子は、力士のように身体が大きい男の子で、その中学校の番長とか言われていた。友人は、事態についての電話がかかってきた時、学校に次のようにたのんだという。

> 先生のお話は分かりました。
> 私としては、傷害事件が学校で発生したと思いますので、警察に電話をして下さい。

急いで、友人は学校に行った。

校長室に通され話を聞くと、まだ警察に行っていないという。これは、学校の手落ちだから、どうか待ってくれと言う。

友人は激してもいなかった（そういう人である）。

静かに言ったそうだ。

先生方ががんばっていらっしゃることはよく分かります。その努力に感謝もしています。
先生方をせめる気は全くありません。

彼は、学校に対しては、何のせめる気もないという。

ただ、身体の大きい人間が、女の子を殴り飛ばし、救急車で運ばれたのです。
これは傷害事件です。やった方も、そのくらいは分かるでしょう。
法で裁いてもらうのが一番いいのです。

こう彼は、強調したという。
私はこの話を聞いて、なるほどと思った。
私は教師だから、「自分たちの責任です」という学校側の気持ちはよく分かる。
私も、そのようにするであろう。
しかし、自分の娘が、身体の大きい人間に殴られ救急車で運ばれたら、友人と同じような行動をとるような気がした。

この方が解決は早い。

中学三年ともなれば、その程度の分別はつくだろう。

「何をやってもいいわけではない」ということを知らせるのは、「大人」の大切な仕事だと思う。

もし、そのような行動をする父親が全国に他に一人でもいたら、「いじめ」は、激減すると思えるのである。

「いじめ」のような大きな問題を「学校」は自分たちだけで抱え、しかも解決しなかった所がけっこうあるということが、問題を長びかせているように思う。

3　まじめだけでは問題を解決できない

学生時代、私は学生運動の中で過ごした。「人を組織する」ことは、私の性分に合っているらしい。

私は大学一年生の時、学生運動の一団体の委員長だった。いわばその団体の総責任者である。

一つの組織の強さは、「数」だけでは決まらない。参加する人が多いにこしたことはないが、名前だけのような人を多くかかえていては学生運動はできない。

その団体では、参加者がどのくらいの質かを見るのに、次の三つの目やすを持っていた。

一　毎週の会議への出席率
二　機関紙・誌類への支払い
三　毎月の会費の支払い

これらの目やすの達成率は、学生運動の団体特有の「軽さ」もあって、六〇パーセント

ぐらいであった。

中には五〇パーセントを割って、二、三〇パーセントのところであえいでいる学生団体も少なくなかったが、私がこの団体の責任者になった時、六〇パーセントくらいであった。

私はこれらすべてを、数カ月で一〇〇パーセントにした。むろん、これは私だけの仕事ではなく、一緒にやりとげた人々もいたのであるが、最高責任者としての自負から行動した結果である。

三つのことがすべて一〇〇パーセントというのは、極めてめずらしいことであった。東京にある一〇〇を超える大学の中で、私たちのところだけであった。

では、私は、どのようにして、これをやりとげたのだろうか。

この三つのことが大切だから、それを訴えたのだろうか。

多くの場合「会議に出ることは大切だから出て下さい」というように、連絡に力を入れていた。時には、機械的な押しつけになることもあった。私は「そんなことはお互いに知っている」ことだし、「機械的な押しつけでは人は動かない」ことを知っていたから、無理強いはしなかった。

かわりに、相手の事情をよく聞いた。そして、相手の事情のほとんどを認めた。「そんなのやりたくない」と言えば、それ以上言わなかった。

半年ぶりに会議に出て来た人が、ねころがっていれば、そのままにした。

やるべきことは多かったが、他人の分まで、自分がやればいいと思っていた。他人の分までやっていると、いつの間にか一人、二人と少しずつ手伝ってくれるのだった。

ただ、三カ月ほどしてから「機関紙・誌」類の支払いだけは別にした。

これは「もの」を買っているのである。このような「もの」の支払いについては、きちんとすべきた。いかなる社会になろうと、この点はきちんとすべきだろう。このような点を「あいまい」にすると、かえって大きな害をもたらすものなのである。

三カ月後、十分な準備のあと、それでも払わぬ一人の先輩に「自分の持っている物を質に入れても支払って下さい」と、私は強硬に言っていた。

こうして、私たちのところは、きちんとした組織になっていったのである。

二十数年も昔のことを、私はなぜ書いたのか。それは、教育の場面でも同じようなことがあるからである。私の属した団体は、私のいた四年間に人数が約二〇倍になった。私は大学を出る時、大きな論争の後、その団体を離れた。

大学時代、一緒にやった人には、まじめな人が多かったし優秀な人が多かった。「まじめ」

で「優秀」だからこそ、自分のやるべきことを一直線にやっていた。「会議に出ない人」に「会議の連絡」をして、「紙・誌代を払わない人」に「代金の請求」をくり返していた。「まじめ」で「優秀」な人が「一途に」やったにもかかわらず、事態はあまり好転しなかったのである。

4　問題を解決するには方法が必要

「それをどうしたらいいか」という課題の認識はあっても、「それをどのようにしたらいいか」という解決の方法を欠いては、結局、何も成果は上がらないのである。

「それをどうしたらいいか」ということが分かるのは大切なことだ。問題点をつかんだことになる。問題点の正しい把握は、解決への第一歩である。

多くの人は、「問題点をつかんだ」ことで止まってしまう。それが、解決への第一歩にすぎないことを理解しないのである。

そこで、「問題点丸出しの方法」「問題点をひっくり返しただけの方法」をとる。会議に出ていなければ、会議に出てくださいと言い、代金を払っていなければ、代金を払ってくださいと催促する。が、これでは、解決にはならない。

少なくとも、事情を知らなくてはならない。もしかしたら就職活動で忙しいのかもしれない。あるいはアルバイトをしなければいけないのかもしれない。自分の生き方に疑問を持ったのかもしれない。まずはこれらの事情を知らなくてはその先にすすまない。

そして、その事情を「すべて受け入れる」ことが必要になる。

「そうだ、就職活動が大切だ。いい情報があったら連絡しよう。がんばってほしい」「新しいバイトの口があるけどどうだ」などと相手の事情を丸ごと呑み込むのでなければ、事はすすまない。私は、そうやってきた。

そして、「事情も分かり」「事情を呑み込んで」その次の方法を考えるのである。

A　それをどうしたらいいか（課題の認識）
B　それをどのようにしたらいいか（解決の方法）

この二つは、ちがうのである。

教師にとって大切なのは、実は「B」なのである。

（むろん「A」も大切だ。課題を認識しないで、解決の方法を実施するなどあり得ないからだ。ここで私が言いたいのは、多くの場合、Aの正しさをもってBを免除し、その結果、解決どころか悪い結果を招いているのである。たとえば、「俺はお前のことを考えているんだ」と言いながら物で子供をたたく教師のように……）。

5　いじめの責任は教師にある

本題に入ろう。

「いじめ」を認める教師などどこにもいない。「いじめ」に対しては、どの教師も取り組んでいる。ほとんどの教師が「いじめ」を認めず、「いじめ」の問題に取り組んでいながら、多くの「いじめ」が存在する。

「非」はどこにあるのか。

> いじめの責任は教師にある

なぜなら「いじめ」をなくせるのは、教師だけだからである。

なぜなら「いじめ」は、技量で劣る教師の場合ほど多く発生するからである。

私は、「いじめを許さない」と思う教師の善意は、まちがいなくすばらしいと思う。

そして、実際、多くの教師は「いじめ」の問題に取り組んでいると思う。

が、それは、せいぜい「課題を認識」した程度に過ぎず「解決の方法」までふみ込んでいないのである。

教室での「いじめ」をなくし、「差別」の構造を破壊していくことは、そのことを自覚した教師だけにできる仕事である。

そのことを自覚しない教師にはできない。

また、自覚していても「言葉」だけではできはしない。「いじめ」「差別」をなくしていく「方法」を持たなくてはならないのである。

「いじめ」「差別」を教師だけがなくせるという自覚もなく、自覚はあっても方法を持たない教室は(それは、日本の多くの教室の現状であるが)どうなるのだろうか――そこでは「いじめ」「差別」が発生し再生産されるのである。

自然のままに放置された集団の中では、弱肉強食によるシステムが作られてしまうのである。

6 「いじめ」との闘いは四月から始まる

四月、子供の前に立った教師は、子供たちに宣言をしなくてはならない。人間の可能性をつぶしてしまうものへの闘いの宣言を、子供の心に響くようにしなくてはならない。

私が初めて「学級通信」を発行したのは、教師五年目であった。「アンバランス」という名である。私は、その二号で次のように書いている。これが当時の私の宣言であった。

◆アンバランスNo.2　一九七二年四月一七日　大森第四小学校四年二組学級通信

担任への注文、意見、何人かの方からいただきました。感謝します。まだの方は、ぜひお願いします。

教育とは、保護者と教師の教育集団から作られるものです。はじめは拙くても、真剣な取り組みの中から、本物の教育集団を作っていきたいと思います。アンバランス（不安定）そのままに、出発をしましょう。

一〇人近くの方から、お手紙をいただいています。順番にのせていきたいと思います。まだの方、この新聞の感想、子供とのできごと、何でもいいのです。およせ下さい。

私は保護者の方々の真剣さが足りないと教育ができないのです。

「おまかせします」は、私に何もするなということです。

●H・M（女子）の母から――

三年の時ですが参観日にまいりました。わりに簡単な問題でも娘はぜんぜん手を挙げないのです。家に帰って聞いてみますと、答えがまちがっていると心配だからとのことです。そんな場面では、もう少し勇気を出してほしいと思います。

わがままな子供ですがよろしくお願いします。

●向山より

クラスの中に、まちがっているかもしれないからと、手を挙げない子が一人でもいるとしたら、大きな問題です。そして残念なことに、そのような傾向は、一般にあるのです。

問題は、どうして、まちがえたら恥ずかしいのかということです。どうしてそういう心が、たかだか八、九歳の子に育ってしまったかです。

みなさんはどうお考えですか。大切なことです。ご意見がありましたら、お手紙下さい。(私は、私なりの考えがありますが、今回は述べません)。どなたかが、お手紙をくださいましたら、この紙上で考えていきたいと思います。

このことで、私は子供たちに三つの話をしました。第一日目から、何回かに分けて、くりかえしくりかえし。

第一は、どのような科学であれ、芸術であれ、失敗の連続の中から創られたことを話しました。失敗こそ、まちがいこそ人類を高めてきた要因であることを強調しました。だから、失敗するのは喜ぶべきことであり、失敗をおそれることこそ悲しむべきことだと。

第二は、人間の可能性について話しました。どんな人間でもかくれた才能と可能性をもっていること、そして、知識の量を獲得する早さで判断してはいけないこと。二〇世紀最高の頭脳といわれるアインシュタインは、小・中と算数は1であったこと。なぜかといえば、彼は人が三〇分でできることを二日も三日もかけて解いたため、テストの点数はいつもわるかったからです。まして君たちは三年でできなかったことを四年でやれば、できるのだから、自分の力に自信をもつこと、などの話でした。

そして、第三に、教室目標として次のことをかかげ、説明しました。

まちがいを正し、事実をみつけ出す場。
教室はまちがいをする子のためにこそある。
教室には、まちがいをおそれる子は必要ではない。

7 「いじめ」をなくすシステムを作る

「いじめ」をなくすのは、教師だけができる仕事である。

授業のへたなクラス、力の弱いクラスでは、「いじめ」がはびこるのだ。

授業のへたな教師は、「いじめ」をなくすことができず、時には拡大再生産するのである。

中学校教師のほとんどは、授業がへたなので(それも、どうしようもないくらいへたなので)、中学では「いじめ」がはびこる。

中学で発生する「いじめ」は、当然ながら、中学校教師の責任だ。むろん、小学校で発生する「いじめ」は、小学校教師の責任である。

「いじめ」が存在するのも「いじめ」がはびこるのも、それは教師の責任なのだ。

担任の責任は重いのだが、しかし「学校全体」が、どうでもいいということではない。学校全体としての責任も大事である。

学校全体の責任というのは、一人一人の教師が「責任を感じていますというようなレベルのことではない。「感じている」とか「考えている」とかいうレベルで評価することではないのである。制度として、システムとして、どうなっているか——ということだ。学校の場合は「教育課程」として表現されるから、（学校の）教育課程のどこに位置付けられているか、ということなのである。むろん、「明文化されていない」のでは話にならない。

私はこのことを一貫して問題提起してきた。

私の問いは、次の通りである。

> 「いじめ」に対応する教育のシステムは、教育課程の中でどのようになっていますか。明文化された教育課程を示しながら説明して下さい。

プロの教師なら、この問いに答えられねばならない。

明文化されていないのなら、明文化していく努力が必要である。

プロとしての教師が、「いじめ」に対応するというのは、このように「学校として」つまり「組織として」、システムをもっているということなのだ。

この「明文化されたシステム」を検討するということが、プロの教師のすべきことであって、そのようなものがないのなら、それはアマチュアのおしゃべりにすぎない。

8　いじめをなくす「学校のシステム」

調布大塚小学校『教育課程』「大塚の教育」には、次の文章が「生活指導」の項に入っていた。

(D)　実態の調査
実態を知り、指導を改善するための調査を行う。特に次の項目は必ず実施する。
①　交通安全テスト（毎年実施しているもの）
②　通学路調査（集団下校の時に……）
③　児童の在室調査（外で遊ぼうの目標の時などに……）
④　ひとりぼっちの子の調査（みんなで遊ぼうの目標の時などに……）
⑤　登・下校時の調査（みあった目標のとき、必要な時に……）
⑥　すいみん時間、テレビ視聴時間、通塾人数の調査（適当な時に……）
⑦　放課後遊ばないで帰る子の調査
⑧　その他、全体で確認されたもの

大切なのは、第四項「ひとりぼっちの子の調査」というところだ。

これは、通例、次のように行われる。

ある一週間を決めて毎日調べる。

二〇分休みの時に誰と何をしていたかを調べて、一人ぼっちだった子を記録する。

一週間のうち、六日、五日、四日、一人ぼっちでいた子を書き出す。

この子たちは、「一人ぼっち」または、それに近い子なのだ。

生活指導全体会で、全教師に知らされる。なぜそうなのか、どうしていくのかについても報告される。

つまり、次の三つがなされるのである。

一　一人ぼっちの子を把握する。
二　その子の事情を理解する。
三　その子に手をさしのべる具体策を決める。

こうすることで「一人ぼっちの子」「いじめられてる子」が、はっきりとして、その子に手がさしのべられる。

大切なのは、これが「学校全体」で取り組まれているということだ。

しかも「力のある先生」「力のない先生」に限らず、どのクラスの子でも「一人ぼっちの子」が明らかになり、手がさしのべられるということなのである。

システムとは、こういうことなのである。

さて、この文章を読んでいる皆さんの学校ではどうなっているだろう。

全国各地にいる「一人ぼっちの子」「いじめられている子」は、誰よりも手がさしのべられることを待っているのだ。

全国の一人ぼっちの子に思いを馳せながら、読者の先生におたずねしたい。

> 先生の学校では「いじめ」に対応する教育のシステムは、教育課程の中でどのように位置付けられていますか?
> 明文化された教育課程を示しながら説明してください。

もちろん、これだけが「いじめ」への対応ではない。

そのほかのところでも、対応策がとられているのである。
たとえば、毎月示される「生活目標」にも、ユニークなものが取り入れられている。
ある秋の月目標は次のようなものだ。

九月　誰ともなかよくなろう
一〇月　元気に遊ぼう運動しよう

皆さんの学校の月目標と比べてどうだろう。
「廊下を静かに歩きましょう」なんて月目標は入れないのである。
さて、月目標に応じて、週目標が毎週決められる。
この週目標は、毎年毎年記録されて、五年間分が「大塚の教育」に入っている。
昭和五四年の週目標は次のようである。

昭和五四年度九月
第一週　校庭で友だちと遊ぼう

第二週　一日一回みんなで遊ぼう
第三週　なかまはずれをなくそう
第四週　下校時刻まで遊んで帰ろう

多くの学校とは、一味ちがっていると思う。「なかまはずれをなくそう」そして「誰ともなかよくなろう」——これも「いじめ」をなくす、学校としてのシステムなのである。

9 「学校のシステム」を広げる

いじめをなくす手立てはまだある。

学校の教育目標を達成するための基本方針の中に、次の一文があるのだ。


指導内容の研究、指導法の改善に努め、「わかる」「できる」を保証する授業をする。


一見当たり前のように見えるかもしれないが、この一文が「学校の基本方針」に入っているところは多くはないと思う。

「わかる」「できる」を保証する授業をする――というところである。

ここは、調布大塚小学校でも、毎年論議されたところだ。

私は、ここを一歩すすめる発言をした。

次のように発言したのである。


小学校は六年間子供を預かる。

その六年間で、これだけのことは確実に教えるという達成内容を明確にすべきだ。たとえば「漢字九〇パーセントの読み書き」「整数の四則計算」「二五メートル泳げるようにする」の三つくらいでいい。

こうすることで、各学年の指導内容に緊張感が生まれ、一人一人を確実に育てるという方針が貫かれるようになる。

こうすることで、学校の教育水準は飛躍的に向上するはずである。


残念ながら、私の意見は通らなかった。

しかし、この考えは今でも正しいと思っている。

これから後、法則化で学んだ教師が校長になったときは、このような学校を創ってほしいものだと願っている。

「いじめ」をなくす根本は、どの子の力も伸ばしてやるということだからである。

「みんなが伸びる」クラスの子は、落ちついている。他人のことを馬鹿にしない。自分のことも卑下しない。そういうクラスの子は「かわいらしく」なるのである。当然「いじめ」はない。

時として生まれるが、すぐになくなっていく。

「よい授業をする」「どの子も伸びる教育をする」ことが「いじめ」への根本的な対応である。

そのことを、学校の教育課程では、どう表現して、どう具体化しているかが問題なのである。

「いじめ」をなくすのに、一人一人の教師の努力が必要であることは、言うまでもない。

教師だけが「いじめ」をなくせるのである。

一方、「学校全体」として「いじめ」をなくしていく「システム」を作ることも大切だ。

学校としての「システム」は「学校全体の子供たち」に対応する。その力強さは、一人一人の教師の努力の比ではない。

どうか「学校としてのシステム」を考え出し、作り出していってほしいと思う。

10　時には子供集団に解決させる

子供がいじめられている時、教師がまず前面に立つべきなのだが、クラスがまとまってきたら、子供同士で解決させるようにする。

「子供集団」というのは強い影響力を持っている。誰しも、集団から仲間はずれになることを恐れる。集団の中に所属していたいものなのである。

クラスにはまず「クラス」という集団があって、その中にまたいくつかのグループができあがっている。

グループに入れない子もいる。周辺児、孤立児といわれる子供たちである。クラスがまとまっていくと、周辺児、孤立児は少なくなっていく。

「子供集団」が強い影響力を持っているということは、強い教育力を持っているということでもある。

昔、どこの地域でも見られた子供の遊び集団は、それ自体が重要な「教育の場」であった。

一年生がみそっかすとして入って、五、六年生のボスになるまで、いろんな役割を経験する。この中で、がまんすることや、挑戦することや、人と付き合うことなどを学んだのである。

現在、このような「子供集団」はなくなっているが、これは、極めて重大なことなのである。かつて存在していた「教育の場」が消滅したということなのだから。

さて、「子供集団」は、強い教育力を持っているから、教師がこれを積極的に活用することが大切だ。

「パーティー」などのイベントをやるのも、「子供集団」の中で、さまざまな経験をして成長することを期待するからである。

チャレンジランキング係、チャレンジランキング大会などは、どれも「子供集団の教育力」「遊びの教育力」を、「具体的・計画的」に活用しようとしたものだ。

「子供集団の教育力」を活用できることは、プロの教師の必須の条件である。

プロの教師は上手に「子供集団の教育力」を生かす。

アマチュアの教師は、「子供集団には教育力がある」ということさえ自覚していない。

だから、時として「子供集団」に反発されたり、無視されたりするのである。

11　向山学級での実践

私が教師四年目、六年生担任時の「仲間はずれ」の学級会の記録がある。文は、その時のままである。

◆ある日の学級会

六月の八日である。放課後であった。

教室に数名の女子が残っており、話をしていた。

> 「昨日、おいなりさんでやっているかんけりに入れてもらおうとしたらいれてくれなかったんだよ」
> 「人数がふえるとつまらなくなるんだって」
> 「仲のいい人だけやってさ、差別だよね……」

クラスの中で、中心的な男女グループへの批判だった。

そして話は、さらにすすんだ。

「人気のある人だけ遊んじゃってさ……」

「それに何よ!!　この前、〇〇さんが泣いている時は、みんなよってきて心配してたのに、△△さんが泣いた時は、誰もそばに行かなかったじゃないよ」

「これが差別じゃなくて、何よ、私、学級会に提案する」

それを聞いていた私は、そのことに賛成し、「徹底的にやれ」と、「徹底的」を強調し、はげました。

翌日の昼休みである。

女子の十数人が、図書室で、わんわん泣きながら話し合っていた。

そしてみんな泣きながら、あるいは、目をはらしてもどって来た。

聞いても、「関係ない」と言うのみだ。

> 昨日の女子の一人が、私のところに来て「昨日の問題を話し合っていました。そして解決しました」と報告した。

私はむらむらと、怒りがこみあげてきた。何が解決しただ。第一グループと第二グループの表面的な和解にしかすぎない。

それに女子の何名かと、男子全員は、参加をしていない。

第一グループの女子が学級会での追及をさけたのだと私は受け取った。

私は、その日、男子全員を残した。

女子第二グループの批判とその和解のことを知らせた。

女子グループの論理の組み立ても、発言も伝えた。大事な問題なのに、男子は埒外に置かれたことに怒った。

しかし残念ながら、男子は女子に立ち打ちできない。論争は女子の方が強い。話をするには準備が必要だ。

その日、次の日と、この問題の本質の討論の仕方を男子だけに示した。

子供たちは事実から話し始めた。

一見むだに見えるこのことが討論の時に役立つ。

男子の論理を支える。

そして三日目、男子は具体的な学級会の持ち方を話し合った。議長の立候補者、提案者、席次、一人一人の発言の内容……。

男子の不気味な動きに、女子は何かとたずねるが、誰一人、内容をもらさない。結束はかたい。

そして四日目。

臨時学級会は開かれた。議長には、おとなしいO児が予定通り立候補し、女子はM児が立候補した。

T児が提案の口火を切る。そのことが解決したかどうかが、まず問われた。

女子は一人一人立ち、口々に解決したと言う。

「かんけりに入れなかったことは解決した」と自信を持って言うのである。

男子は、「話し合いに女子の数名が参加していない。男子も参加していない」と、追及をはじめた。

これで解決したのか。そして、「一人はみんなのために、みんなは一人のためにとはきれいごとなのか」と追い打ちをかけた。すこし、論理が深められてきた。

しかし女子は、がんとして聞かない。解決したと言う。また、女子だけで相談させてくれと言う。

男子は、「一人一人の意見が大切なのだ。自分の意見を言え」と譲らない。

女子は、「今まで男子こそ、自分たちだけで集まって、こそこそやって、それこそ差別じゃない」と、唯一そこをたのみに、きりかえす。

男子は、「君たちがやったことを、俺たちもやったのだ。その時、君たちがいやだったことを俺たちは女子の話し合いに感じた。それに俺たちはちゃんと学級会に提案した」と反論する。

当事者以外の女子も発言を求められ「いやな感じだ」と口々に言う。

一人一人がまた、発言を求められる。その中の一人が、「私がみんなに話そうと思った。そのことをみんなにも言った。Jちゃんにも言った」と発言した。

女子の間でざわめきがおき、「そんなことは聞かなかった」と、子供は口々に言う。

Jも、「そんなこと、聞かなかった」と発言し、「しかも、あなたのはウソじゃないか」と責め立てる。男子も「きれいごとを言うな」と追い打ちをかける。そして、ついに一人が泣き出した。

動揺した女子の何人かは、「やはり、解決しなかったと思う」と発言し出した。

男子は、「そんないいかげんな言い方をするな。いったいどっちなんだ」「解決しないのなら、なぜ解決したと思ったんだ。そのどこがまちがっていたのか、どうして意見が変わったのか言え」と言う。男子から大きな拍手がおきる。

しつこく、きびしく追及され、また何人かが泣きだす。そして一人一人が、その意味の、その意見の変更を問われて、学級会はすすめられていった。

クラスに生まれた問題は、全員で解決してこそ解決したといえるのだということになっていったのである。

●六・一二　個人日記より　Y・A

きょうの学級総会のことについて書きます。

先生や男子が、集まってこそこそしていたことが、どんなことかと想像していたのですがあたりませんでした。

私はWさんやSさんやAさんなんかに言われたので、この人たちと話がつけばいいと思っていたのです。それに、Kさんが発言したように、学級会へもっていくのが、とってもこわかったのです。

学級会で批判されるのがこわかったのです。

だから、話をまとめただけで、解決したと思ってしまったんです。家でもう一度、ゆっくり考えてみました。私はなぜ気が付かなかったのかと。かんけりにみんなを入れてあげなかったことの意味に気付き、なんだかこわくなり、問題を大きくしたくなかったという気持ちがあったのです。

だから、その場だけで、片付けようと思ってしまったんです。

私、考えていると、なみだが出て、しようがありませんでした。

二〇年以上も前の実践だ。しかし、今も通じる原則がある。

大切な問題をクラス全体の問題にしていく戦略の大切さ、前もって話し合いをしておくからこそ、いざというときに高度な議論を展開できること、集団の力で教育をしていくことのダイナミズム——これは今も変わらぬことだ。

が、この文は、やはり駆け出し時代の向山のものだ。顔が赤らむ。

12　いいクラスは男女仲がいい

私が五年生を担任していた時のことである。

クラスの中も、まとまってきていた。

この頃の流行は、昼休み、放課後に女の子たちがやって来て、次のように大声で訴えることだった。

センセー。男の子が遊んでくれないのです。

この言葉を聞いた時、何とセンスのいい子たちだろうと思った。

むろん、恥ずかしいところもあるのだろうが、それをシャレにして、堂々とやって来るのだ。

私は、男子にすかさず言った。

女の子をいじめるもんじゃありません。遊んでやりなさい。

男の子たちは、照れていたのだが、何と将棋などを女の子に教えはじめたのである。
そうして放課後には、男の子と女の子が将棋をやるようになった。
時々、女の子が大声で言いに来た。

センセー。男の子が遊んでくれないの。
男の子、照れちゃってんの。
逆でしょうにねぇ。
ふつうなら女の子が照れるんでしょうにねぇ。

大声で楽し気に訴える女の子たちのまわりで、男の子たちが照れていた。
このようなクラスでは、悪質ないじめなど起きようがないのである。

13　実習生の授業

教育実習生の授業を見た時のことである。三年算数、重さの単元だ。

一番感じたのは、授業がざわついていることであった。研究授業なので、十名ほどの教師が参観していたのだが、それでも授業はざわついていた。

こういう時「授業の態度が育成されていない」と言う人がいるが、私は反対だ。

授業がよければ、子供は集中するものだからである。

反対に、授業が悪ければ、どんなにいいクラスでも、授業はだらける。

もし、ひどい授業をする先生でも静かにしているクラスがあるとしたら、それは異常である。

異常な時は、異常なシステムが働いているものなのだ。

たとえば、授業の後に担任の先生からきびしく叱られるとか、あるいは班ごとに点数をつけて競争させるとか……。これは一種の遠隔操作である。学習態度が育ったのでも何でもない。罰がきびしいから静かにしているだけなのだ。

だから、その先生の手を離れると子供はほっとして、もとの子供らしい姿に返る。

この授業は、長野県の法則化教師・阿部惣一氏が参観していた。この日は彼が私の勤務校の参観に来ていたからだ。私は自分の学級への授業参観はお断りしていたが、学年で行った「学芸会のオーディション」の様子は参観していただいた。

話はずれるが、よく授業参観の申し込みをいただく。

「今年、管外出張ができるようになりました。ついては○月○日に参観させてください」

といったものだ。

その方が、管外出張されようとどうしようと私には全く関係ないことだ。まして、日時まで指定されて申し込まれるなど大変迷惑なのである。

「どんなことでもかまいません」とおっしゃいますが、こちらはそうはいかない。

たとえば、読者のみなさんが、次のように言われたらいかがだろう。

「今度、学校の用でそちらへ出かけます。ついては○月○日に、ご自宅の机の上と本棚を見せてください」

こちらにも事情がありますからと断ると、「いいえ、ふだんのままでけっこうです」と言ってくる。

こういった形で、次々と訪問の希望が届くのである。

北海道など遠方からの申し込みもあり、私が気の毒に思って「先生が一時間授業をしてくだされば、私もやりますよ」と言うと、「いや、それはけっこうです」となる。

そのくらいの「ついで」に来られるのなら、申し込みをしないでほしい。

私は、普通の公立校の教師で、できるだけ、静かにしていたいと思っている（それでも、年に二、三回のテレビ、雑誌取材や一〇回くらいの参観授業がある。これらの授業は、すべて何かしらのテーマを持ったものだ）。

できれば学校の公開発表などに、いらしていただきたいわけだ。管外出張をそちらに合わせていただきたいのである。

やむにやまれぬ気持ちから授業参観をしたいのなら、相手の都合に合わせるべきだ。

それが、思いやりというものだろう。

14　実習生の授業のざわつきの原因

さて、話をもどそう。

実習生の授業がざわついていたのには、いくつかの原因があった。

どれもこれも、初歩的なことである。

第一は、ざわついていることを教師が許していること。

「口をとじて、先生の方を見なさい」ぐらいの注意は必要だ。

「太郎ちゃん、こちらを向きなさい」ぐらい言ってもいいと思う。

第二は、手に何かを持っているのを許していることだ。必要ない時は、手に持っているものを置かせる。

「手に持っているものを、机の上に置きなさい」ぐらい言っていいのである。

第三は、子供が意見を言った時、その子とだけのやりとりになっていたことだ。

子供の発言は、クラス全体に対してされているものだ。

二人だけのやりとりとなっては、教室はだらけてしまう。

第四に、一人の子供の言った意見を、他の人に聞かせようとしないことだ。

第三のことと同じようなことだが、少しちがう。第三のことは「○○ちゃん、みんなに聞こえるように言ってごらんなさい」とか、「○○ちゃん、太郎君が聞きたくないらしいから、太郎君に向かって言ってごらん」というようにするのである。

第四は、聞いている側を問題にしているわけだ。

「次郎君、今の発表についてどう思いますか」というように、いいかげんに聞いてはならない空気を作っていくのである。

第五は、実習生の発問の語尾がはっきりしなかったことだ。

発問が未熟なのはいいとしても、何を聞いているのか、何を答えたらいいのかが分かるようにはっきり言うことが必要だ。

この五つのことを注意するだけでも、授業中のざわつきはずいぶん減ると思う。

教育実習生は、難関女子大の学生だった。むずかしい試験を通って大学に入った人だが、授業するのはまた別のことだと思った。全くの素人だった。問題は、プロになるには、そこから出発して努力しなければいけないと自覚することなのである。

アマチュアの教える教室では、次から次へと「いじめ」が発生するのだから……。

15　プロの仕事

プロになる方法は、いかなる人にとっても大変なこと（であるはず）だ。素人ではできないから、プロなのである。

福井県の法則化通信「くずりゅう」で、藤枝泰子氏が、「プロとは……」ということで書いたことがある。藤枝氏は、法則化の先生で、ご主人は外科医である。

◆プロとは……

教師ではない人を夫にしている私にも大きな大きな一つの利点（これを利点といってよいのだろうか）がある。

それは、〃プロの仕事〃を教えてもらえるからだ。向山先生は、よく教師の仕事と外科医の仕事を比較される。私の夫は、外科系の医師である。最近、部下にあたるような後輩の医師と手術をすることが何度もあるらしい。扁桃腺の摘出手術は、虫垂炎の手術のように、できて当然の手術だという。しかし、これも当然のことながら、医師になったばかりの時はなかなかできないらしい。解剖実習を幾度してきても、実際の手術となると困難であることは想像できる。そういった手術中に間違ったことをしそうになると（間違ったといってよいのか分からないが）後輩の足をけるという（手は、はさみやメスを持っているから）。○○ガンなどという大きな手術の時は、後輩の医師が離れようとすると、頭突きをするという。先輩の医師にそうやってされて、手術の技術を覚えていくのだそうだ（声に出して叱らないのは、局部麻酔の患者さんに聞こえてしまい、不安を与えることになるからだそうです）。

大人になって、なぐられながら物を教えられることなど、教師にはない。研究授業後、どんなまずい授業をしても、せいぜいボロくそに言われるくらいで、授業を中断して、代わりに指導主事の先生が授業をされるなんてことはない。しかし医師の世界では、きちんと予習をして、毎日患者の様子を見て、レントゲン写真や図でイメージトレーニングをしても、手術中に頭突きをされ、場合によっては他の医師と交替させられることがある。

教師もそのくらいされないと、だめなのではないかと思う。夫に、そんな話を聞くたびに、プロの仕事というものを教えられる。

医師は時間を守る。手術は時間どおりに行われるからだ。でも教師は時間を守らない。いや、守らない人が多いと思う。それはプロ意識に欠けるからにほかならない（実際、私は学校で授業が時間どおりに終わらないことが多いのに驚いた）。

医師の次元から見れば、教師はプロとはいえないのではないかと思う。私もプロの教師とはいえないが、時間は守ろうと、とにかく最低時間は守って仕事をしようと、新年に心に誓った。

法則化熊本の岩本康裕氏の奥さんは、内科医だが、同じようにプロ医師になることの必死さを話されている。医師は、人の生命を預かるから当然と言ってしまえばそれまでだが、教師とて実は子供の「人生」や、時には「生命」を預かっているのである。

医師と同じような真剣なプロ修業があってしかるべきだと思う。教師の誠実さ、それはどれだけ真剣に教師のプロになるための勉強をしているかということだ。

勉強をしない教師は、子供に対する誠実さが足りないのである。子供に対する人間としての責任感が弱いのである。どれほど口でうまいことを言っても駄目だ。

学び続ける教師のみが、子供の前に立つことを許される――ということは古今の教育者の鉄則なのである。

16　プロの指導はドラマを生む

プロの教師の指導がなされる時、教育は大きなドラマを作り出す。

大田公蔵氏は、法則化の研究合宿で「阿波おどり」の指導を知ったのだが、後日運動会でやってみて、大きな反響を得たということだ。

次は、『学級通信』で紹介された大田氏の報告からである。

◆阿波おどり (8)

運動会が終わった。

私にとって生涯忘れられない運動会となる出来事が起こった。

三分三〇秒の阿波おどりが終わった時、突然、

「アンコール　アンコール　アンコール　アンコール……」の大合唱が起こったのである。

運動会で、アンコールが起こるなんて前代未聞である。私はためらったが、「あと、一分間おどりましょう。先生もおどります。……」と言った。

アンコールが起こった理由がある。

それは、次の手紙からも分かるように、子供たちの頑張りが、見る人になんらかの感動を与えたからだろう。

●先生どうもお疲れさまでした。
子どもから聞いて楽しみにしていた〝阿波おどり〟。本当にすばらしく感動いたしました。子どもが「腰が痛い」と言っていた理由が分かりました。

●一人一人が自由にそれぞれが自信をもって、のびのびとおどっている姿を見て、とってもうれしく思いました。私も年を忘れておもわずおどりたくなるような気持ちになり大変感動いたしました。先生方、どうもありがとうございました。

このように親に感謝されるのだから、プロはやめられない。

阿波おどり指導の最大のポイントは、「一人一人を個別に評定してやり、何日か後にどの子も満点をとらせる」というところにある。これは、劇の指導であれ何であれ、同じ原則が適用できる。

第4章

教師、いじめとの闘い

1　少しひねた子供

これは私のクラスに起きた事件だ。

いつも一人になりがちな女の子がいた。悪く言えば、「ひねた考え」をする子であり、私流に言わせれば、「個性的」な子だった。

その子と仲よくなるには不自然さを感じさせてはいけない。

その子は、水泳が大の苦手とのことだった。私は、そのことを知って次々と手を打っていった。

その結果を、七月の学級通信で報じた。

◆学級通信「アチャラ」No.41　一九八二年七月二日　四年二組

先生のことを信じてあげる

プール開きがあって、昨日、二回目のプールの授業があった。

プールについては、私に一つの課題があった。学級にとって、それは大きな意味を持つかもしれない課題であった。

四月の初め、担任になってすぐに、私は、Aさんと約束していたのである。Aさんが泳げないことを知った私は「先生が必ず泳げるようにしてやる。だから、プールの時はぜったい用意をしてくるんだよ」と言っていたのだ。

Aさんは、なかなか「うん」とは言わなかった。心配そうに、というより、「入らない」と心に固く決めているように思えた。私は何回も、「大丈夫だ、先生がついているんだ。先生なんか大学生になるまで泳げなかったんだ」と、話した。

そのしつこさに負けたのか、彼女は、ぽつりと言った。

「先生を、信じてあげる」

私はうれしかった。これが、私が若い時に、ガール・フレンドから言われたセリフなら、私はその場で背を向けて去っていくだろう。

しかし、これは一〇歳の少女のせいいっぱいのセリフなのだ。しかも、知り合って、まだ二、三日しかたってない担任へのセリフなのだ。Aさんは私を「信じてあげる」と言ったのだ。どんな大人の固い約束よりも、子供の約束の方が強いことを私は知っている。「信じてあげる」と言ったとき、半分不安そうに、しかし半分は先生に預けたというようにほっとした表情で、ニコッと笑ってくれたのだ。

だから私は昨日、彼女をよんで他のクラスの二人と一緒に「浮くこと」を教えた。

泳げない子には、「浮くこと」こそ、最大の問題なのだ。

陸上で、手足をちぢめさせ、手でひざを抱えさせた。あごをつけさせた。でんぐりがえしの形になった。その姿勢で息を止めさせた。一〇数えるまでやらせた。これはできる。次にそのままの姿勢でおしりが上になるようにもちあげた。「いいかい、水の中では、このようにへんてこに浮くんだよ」と念を押した。

水の中でさせることにした。ダルマ浮きという。Aさんはベソをかいた。私も水の中に入って「大丈夫だ、先生がかかえていてやる」と言ってしっかりかかえてやらせた。

クラスの女の子たちが応援に集まっていた。

「ほらできた。もう一回だけやろう」と私は言った。「本当に一回だけ?・」とAさんは言う。もう一回やった。私はすぐに言った。「うまい、今度は身体の両側だけを持つ。あと一回やろう」Mさんたちが手をかける。「私たちも一緒にやるから。みんなも一緒にやるから……」

彼女は気をとりなおしてやった。はっきりと身体は浮いた。「すごい、すごい。今日中にできる。大丈夫だ。やっちゃおう。すぐできる」私が言うと、Aさんもその気になっていた。次は、水着の背のところをつまむだけだった。その次は、ほんのちょっとさわっているだけだった。そして手を離した。みんなで声をかける。「一、二、三……」おしくも九だった。あと一回、「七、八、九、一〇」やったあー。大きな拍手だった。これができれば、伏し浮きはその場でできる。これもすぐにできた。教室でも、みんなで拍手をした。

2　授業での逆転現象

「いじめ」は、「勉強」によっても生まれる。勉強ができない子がいじめられるのだ。だから、授業中で、できる子ができなくて、できない子ができるような逆転現象が生じれば、子供の考えは変わる。逆転現象によって、どの子も衝撃を受ける。

「自分はダメだ」と思っていた子は自信を持ち、「あいつはダメだ」と見くだしていた子は、どの人間も可能性はあるのだということを学ぶ。

逆転現象のある授業は、なかなかできない。しかし、それができるのがプロの教師である。

一回の逆転現象の授業は、「いじめのお説教」の千日分にも匹敵する「いじめ対策」である。

「逆転現象」の授業がされている「プロの教師」のクラスでは、いじめはほとんどない。どの子も、人間の可能性の大なることを学んでいるからだ。

逆に、ありきたりのつまらない授業の中からは、「いじめ」は、次々に再生産される。

そんなクラスでは、「できる子」は永遠に「できる子」であり、「できない子」はいつまでも「できない子」でいるからだ。

子供なりに、宿命的な社会構造観を身につけてしまうのである。

さて、私が二〇代のころ、学級通信に報じた私のクラスの逆転現象を紹介しよう。

◆算数の授業での出来事

算数で、かけ算をやっている。大いそぎで、九九の復習をした。どの子もできるようになった。

今日、次の問題を出した。

Ⓐ
$$\begin{array}{r} 34 \\ \times\ \ 3 \\ \hline \end{array}$$

Ⓑ
$$\begin{array}{r} 34 \\ \times\ 43 \\ \hline \end{array}$$

この二題ができれば、かけ算の九割は終わりである。まちがうとすれば、この二題のうちのどちらかにあらわれる。三六人中三人の子がⒶをまちがえた。まちがいは、教室では、とっても大切なことだ。何故かというと、まちがいの中にこそ、学習することの中味があるからである。単に答えが出せるだけでいいというわけではない。次のようにまちがえたのだが、A、B、Cの子は、どこでまちがえたか分かるだろうか。

A
$$\begin{array}{r} 34 \\ \times\quad 3 \\ \hline 72 \end{array}$$

B
$$\begin{array}{r} 34 \\ \times\quad 3 \\ \hline 912 \end{array}$$

C
$$\begin{array}{r} 34 \\ \times\quad 3 \\ \hline 12 \\ 102 \\ \hline 1032 \end{array}$$

A、B、Cはともに、むろんこの種の問題ができる子だ。しかし問題には一カ所だけつまずきがある。

クラスの子に聞いた。半分ぐらいの子が、どう考えてまちがえたのかが分かった。手を挙げなかった子は、まちがえた子と中味は同じである。手を挙げた子は、すごく考えたのだから、今日、クラスは三人のおかげでいい勉強をしたことになる。

Aは、3×3を3＋3としたからまちがえた。

Bは、位どりのまちがいである。

Cは、機械的に二ケタのやり方を暗記したからである。

それを説明し、43×4の問題を出した。A、Bはすぐできた。Cはまちがえた。クラスの中でCのまちがえ方を予想し、あてた。そして、Cはできるようになった。もう、二度とまちがわないだろう。かくして、今日は34×3だけを一時間勉強し、全員が確実にできるようになった。

次の時間、34×43の問題を出した。一人残らずきれいにできた。なかには、ゆっくりやる子もいる。一題に一〇分もかかった。しかし、全員ができたことは千金に値する。

次に、３４４×４３２の問題を出した。すると、七人ぐらいがまちがえた。全員、次の所まではできている。では今度は、どこをまちがえると思うだろう。

```
      344
×     432
      688
    1032
   1376
```

そのあとがちがっている。つまり、かけ算ができて、たし算ができていないのである。

ひとえに「できました」「できました」という、速さの競争の名残りである。

ゆっくりでもいいから、正確に計算することを厳重に注意し、もう一題、問題を出した。

これは、全員できた（さあ、これからが私の書きたいことだ）。

「今度は、むずかしいぞ。よく考えてやれ。習った通りにやればいい」

といって、405×707の問題を出した。

ところが、ひときわ高い声で「そんなの、簡単だ」とさけんだ男子がいる。二、三人も、続けて、「簡単だ」という。

私は、おこった。「どういうつもりで、言ったのか言え」と、怒鳴りたい気持ちをおさえ、「今、言ったことば忘れるな」と、声を荒らげた。事実で反論していかなければならないからだ。やっと、何でも言える雰囲気が作れたかと思うと、「私はできる」の声一つで、大なしにされてしまう。こういう自分はできると慢心している傾向が根深いのは、話しだけじゃあだめだ。事実で、その高い鼻をへしおり、学問に対して、けんきょにさせねば、クラスのためにもならない、本人のためにもならない。

できたころをみはからって、「男子六人、女子一人」を指名し、黒板に書かせる。

女子一人は、先日の34×3ができなかった子だ。私は、わざと、こう言った。

「よーし、できる子の代表男子五名、できない子の代表女子一名にする」「やさしいと叫んだのだから、できるだろう。やってみろ」

男子A

```
   405
×  707
  1815
 2815
 29965
```

男子B

```
   405
×  707
  2835
    0
 8205
 84885
```

男子C

```
   405
×  707
  2835
  000
 2835
 31185
```

男子D

```
   405
×  707
  2835
     0
  2835
  5660
```

男子E

```
   405
×  707
  2835
 2835
 31185
```

女子

```
    405
×   707
   2835
   000
 2835
 286335
```

俺は、これをみて「やったな」と思った。

「ざまあみやがれ」と思った。なんとも言えないほどうれしかった。できない子の代表だけが合っていて、あとは全員まちがいだ。しかも、その女子は昨日まで、34×3ができなかったんだ。私は「ばんざい」と叫びたくなった。

どうしてこうなったか？　かんたんだ。この女の子は、くらいどりの意味を、昨日まちがえたおかげで、一番勉強したんだ。他の子は、多分、そんなのわけないと思っていたんだろう。そして、

$$
\begin{array}{r}
405 \\
\times\quad 707 \\
\hline
2835 \\
2835 \\
\hline
286335
\end{array}
$$

のやり方を、機械的に覚えていた。そこで、大混乱だ。バッタ、バッタとまちがう。逆に、女の子は、０００と二段目に０を並べ、忠実に、習ったとおりやったわけだ。機械的な暗記と、うろおぼえが、どれだけ危険か、の証明だ。

私は「こんなの簡単だ」と言った男子に、感想を聞いた。ゆがんだ顔から、ぽつり、ひと言「くやしいです」。

　そうだ、人を下に見ることとの、思い上がる事のまちがいを、そのくやしさを通して学んでいけばいいんだ。クラスで、馬鹿にしていた女の子さえ、昨日は34×３の問題さえできなかった子ができた問題を、自分ができないことのくやしさを通して、人間の価値に目ざめていけばいいんだ。そのくやしさを、女の子は、今迄幾十度となく味わってきたのだから……。

　こうした事実のつみあげの中から、子供は、決して自分を卑下しないかわりに、決して他人に尊大でない態度をとるようになっていく。自分を認め、他人も認めるようになっていく。できる子、できない子、などという言葉がなくなっていく。

3　呼び名の順にも男女差別の意識を

私が調布大塚小学校に赴任したばかりの時のことである。

調布大塚小学校では、朝礼の時、「学級委員を紹介する」という場面があった。各クラス男子二名、女子二名、計四名の児童が呼ばれて、朝礼台の所へ行き、各クラス四名が横一列を作って並ぶ。

全クラスが揃ったところで、「まわれ右」をして、全校児童に紹介するのである。

この紹介のしかたを知った次の学期、私は学級一覧表の記入を変更した。

どのクラスも「男・男・女・女」の順に書いてあるのを、私は、女の子を先に書いて、男の子を後から書いたのだ。

朝礼の時、係の女の先生が、児童の名前を呼び始めた。その場面をよく覚えている。

私のクラスのところにきて、一瞬とまどった。そしてその先生は、私が書いたものを訂正して、男の子の名から呼び始めたのだ。

紹介が終わった後、私はクレームをつけた。

「私は、考えがあって、女・女・男・男と書いたのです。学校の規則には、学級委員紹介の名を、男子から先に書くというルールはありません。それを勝手に訂正するのは、越権ではありませんか」

と言ったのである。

その先生は、びっくりして、恐縮していた。


さて、その次の学期、今度は「女・女・男・男」の順で呼ばれた。

私のクラスの子が前に出て行った。

ところが、何と、子供の方で並び方を修正してしまったのだ。

つまり、どのクラスも「男・男・女・女」で並んでいるで、私のクラスの子供たちもその通りにしてしまったのである。他のクラスへ「右へ習い」をしたわけだ。

私はひどくがっかりして反省した。

このように形にこだわることは大切だけれど、それ以上に、「子供の考え方」に気を配っていくことが、もっと大切だと思ったのだ。

そこで、そのことを「授業」にしてみた。

授業の後、研究報告も書いておいた。次の文である。

4　教室での男女平等

◆「男女平等」を考える

かつては出席簿を読み上げる時、男の子の名前を呼んでから、女の子の名前を読み上げました。

私はこの点がいつも心にひっかかっていました。正確に言いますと、かすかに気になっていました。「いつも男の子の名前から先に呼ぶのは、女の子に対する差別じゃないか」と、気になっていたのです。

それは、単に整理する上での都合だから、そんなに気にすることはないじゃないかと同僚の先生は言いましたが、やっぱり気になるのです。

それで私は、このことを授業にしてみようと思いました。〈男が先か、女が先か〉は、どれくらい意味があることなのかを、授業を通して、子ども達と一緒に考えてみようと思ったのです。

私はこれを「道徳」の授業として計画しました。
私は「指導要領」の中の「道徳」の目標がかなり好きなのです。「道徳」の目標は、書き方からして、他の教科の目標と異なります。お母さん方で知らない方もいらっしゃると思うので、一部を紹介いたします。
「道徳」なんて見るのもいやだという先生も、ぜひ目を通してもらいたいのです。「敵を知り己を知れば百戦危うからず」と言うではありませんか。食わずぎらいは、というより見ずぎらいは、害の方が大きいものです。

「道徳教育の目標は、教育基本法及び学校教育法に定められた教育の根本精神に基づく。すなわち、道徳教育は、人間尊重の精神を家庭、学校、その他社会における具体的な生活の中に生かし、個性豊かな文化の創造と民主的な社会及び国家の発展に努め、進んで平和的な国際社会に貢献できる日本人を育成するため、その基盤としての道徳性を養うことを目標とする」

かなりしっかりと、教育基本法の内容を受けていると思います。

私は「道徳」の内容の⒁⒆に述べられたことを、ふまえようとしました。

⒁……ものごとを合理的に考え、常に研究的態度を持つ。

⒆……偏見を持たず、だれに対しても公正公平にふるまう。

通知表に1を絶対つけなさいなどという校長先生のいるような学校は、次のような内容は、いかがでしょうか。すべて「道徳」の内容にあることです。

⑷……自分の正しいと信ずるところに従って行動し、みだりに他人に動かされない。

⑺……正を愛し不正を憎み、勇気をもって正しい行動をする。

⑻……正しい目標の実現のためには、困難に耐えて最後までやり通す。

さて、残念なことに、この報告書は、ここまでで終わっている。どのような授業をしたのか、今では分からない。原稿用紙に向かったのだから、おそらく我ながら納得した授業だったのではないかと思える。授業の全容を確かめられないのは何とも残念なことだ。しかし、この授業の後の場面はよく覚えている。

それ以降、私のクラスの子は、「学級委員紹介」の時、「女・女・男・男」の順で並ぶようになった。他のクラスとちがって、私のクラスだけが、並び方がちがうのだ。子供たちはもう迷ったりしなかった。自然な感じで、そのように並んでいた。

他の教師も、黙って受け入れてくれていた。中には「向山は、変なことをする」と思われた方もいたのだろうが、表面には出てこなかった。

こうして、私は、調布大塚小学校在任中は、学級委員紹介の時には「女・女・男・男」で並ばせていたのである。

(少し思い出したのは、男・女のことを授業した時、部首に女が使われた漢字を取り上げたということだ。部首に女が使われた漢字は感じの悪い意味に使われるものがけっこうある。「姦しい・嫉む・媚びる」などがそれだ。このことを、私は大学時代の恩師、憲法学者の星野安三郎氏に習った)。

このように「平等」の思想としての「差別への異議申し立て」を、授業の中、教室の中に生かしていこうというのが、私の教育思想であった。

「大きな声」で主張することも大切だが、子供との接点のある現場で、一つ一つ解決していくことが何よりも大切だと思ってきたのである。

5　新聞記事

一九八九年七月一一日、「出席簿も男女平等　男子優先改め　混合し五十音順　堺市教委」という記事が朝日新聞に掲載された。

それは、男子の氏名が女子に先行して記載されている学校の出席簿を、五十音順に改めることに決めたという内容であった。これは、無意識のうちに児童・生徒に男女差別の意識を植え付ける事が懸念されており、求められていた改善を全国で初めて堺市が全市で統一して取り組んだことを告げていた。

新しい名簿の方式を研究中だが、市立の幼稚園と小学校では完全に混合五十音順とし、中学以上は男女別々の科目以外は混合名簿を作ることになりそうだ、という。また、これは児童・生徒に限らず、教師の名簿にも適用される。

これだけで男女差別が解消できる訳ではないが、子どもたち自身にとっても平等意識を確かにつかむ大きなきっかけになるのではないかと、堺市教委学校指導課長は述べている。

また、同日付読売新聞には「男女平等　まず名簿から」という記事が載った。

これは堺市の教育委員会での決定を取り上げ、ほとんどのことを男女一緒にする幼稚園でさえ、名簿が男子優先になっていることを例に、日本における男女別のさまざまな決まりごとにおける不公平について紹介していた。

無意識のうちに生じる不公平を改善するための〝ささいなこと〟が、世の中を変えていくであろうとくくられている。

このような件について、法則化の「全国シシャモの会」の中山恵子氏は、次のように呼びかけている。

今、出席簿のことが問題になっています。

二年前に、六年生の児童に卒業式のことでアンケートをとりました。

あなた達の卒業式の時から、女子↓男子の順で証書をもらうように変わったとします。どう思いますか？

男子（全員）いやだ。

・今まで男子→女子の順だったから、今まで通りでいい。
・家でもエライのはお父さんだから、男子が先がいい。
女子（約半分）今まで通りでいい。
・今年から変えるとおかしい。
・女子が先だと、なんだか変な気がする。
・よく分からないけど、変えない方がいい。
女子（約半分）賛成。
・男女平等の時代なので、女が先でもいい。
・今まで男が先だったので、変えた方がいい。
・絶対に、女子が先にもらえるようにしてほしい。

私には、児童の意見の中に差別がある、と感じられました。
先生方にもお聞きしてみました。
・今まで通りでさしつかえない。
・男子でも、女子でも、どちらが先でもよい。

●どちらだろうが、大した問題ではない。

などのご意見でした。

みなさん方は、出席簿について、卒業証書を授与する順について、どうお考えになりますか。

「男・女」の順は、差別なのか、そうでないのか、意見はそれぞれあるだろう。慣習なのだから、これでよいとする方も多いことだろう。

世界的に見ると、日本のように「男・女」に分けている国は、ごく少数とのことだ。

この問題をどう考えるのか、考えるに値する問題ではないだろうか。

6　かつての教え子に会う

NHK「おはようジャーナル」のディレクターM君と渋谷の小料理店に入った時のことである。

久しぶりのM君は、昔のままの童顔だった。

「先生、やまなしまだやってますか?　それに百人一首」

久しぶりの教え子からの一声は、「やまなし」(宮澤賢治作)と「百人一首」だった。

「やまなし」はメジャーになったけど「百人一首」はやっと普及の目途がついたことを話した。

この二つは、「向山実践」の軸ともいえる。「百人一首」がどれほどいいか、取り組んでみれば分かる。

「やまなし」といえば、当時の分析批評授業で活躍する中心はSさんだった。鋭い読みとりで、自分の考えを明快に主張していた子であった。彼女は医学部に入って医師になった。

また別の日には神富君からもなつかしい電話があった。

「先生、寒くなってきたので、そろそろ百人一首ですね」と、ここでも百人一首のことが話題になった。

そういえば、何人かの母親に感謝されたことがある。

「うちの子は、中学校に入って、ひどく自信を失って、びくびく過ごしていたのです。ところが、中学校で百人一首大会をやってから変わりました。各クラスの代表になってくるのは、みんな向山学級で、私の子は、——ぼくだって向山学級の出身、百人一首は強いさ——というのです。

その時ほど、百人一首に感謝したことはありません」

たった一つの、百人一首という競技が、劣等感から子供を立ち直らせたのである。

私が「百人一首」にこだわるのは、このようなエピソードがいくつも生じるからにほかならない。

7 「五色百人一首」、特集大反響

雑誌『教室ツーウェイ』で「五色百人一首」の特集をした。

「五色百人一首」とはＴＯＳＳのかるた教材で、百人一首を二〇枚ずつ五色に分類した札を使って取り合う競技である。

東京教育技術研究所で取り扱っている。

百枚で一度に競技をするから大変なので、色別に二〇枚ずつに分ければ、時間は短縮される。

私のクラスでは、二分程度（二〇分ではない）で一試合が終わる。したがって、すき間の時間、帰りの時間などに百人一首をすることができる。

五色百人一首の特集の反響は大きく、さまざまな便りをいただいた。

たとえば、京都の幼稚園の園長先生である。

初めておたよりさせていただきます。私は京都の宇治市で幼稚園をやっております、Ｈ・Ｙと申します。幼稚園ではありますが、向山先生のご意見には常々感動し、感銘を受けております。

さて、一〇月二六日、『教室ツーウェイ』一一月号を業者より受け取り、さっそく拝読させていただきました。特集、「五色百人一首」は我が意を得たりとばかりの思いです。

私事で恐縮ですが、私は、京都市内に生まれたせいでしょうか、幼い時から百人一首に親しんでいました。そのためでしょうか、いつの頃からか、私どもの園の子供たちは、卒園する間際のわずかの時間ではありますが、この、「百人一首」の活動に親しんでおります。

もちろん、普通の方法ではなく、同封させていただきました「子供の心とからだを育てる」の一九六ページに記載している通り、百を約四等分した二四枚ずつを、二人の子供が源平(形式)で行います。一般のやり方とは違い、子供たちの興味が持続するようにと、普通は読み札とされている札を取り札とし、色や絵の助けを借りながら続けています。

先生のおっしゃる通り、自陣には並べている枚数も一二枚と比較的少ないので、子供たちの集中力も続き、かつ、意欲の増進につながっているようです。

小学校の低学年より下の子供たちには、このような方法によって取り組んでいる幼稚園もあるのだと報告したく、筆をとりました。

最後になりましたが、先生の益々のご活躍、及び、法則化運動のご発展を楽しみにしております。また、私どもの園の保育者達も、法則化運動の研修会に参加できる日が近からんことを願っています。

平成二年十月二十八日

京都府宇治市広野町広野幼稚園　H・Y

広野幼稚園では、百人一首のほかにもさまざまな実践の工夫がされている。著書も出されている。

五色百人一首について、東北の先生から次のような便りもいただいた。

初めて向山先生にお手紙を差し上げます。

待ちに待った「五色百人一首」が公開され、『ツーウェイ』誌が届いて、まだ札も作らないうちに興奮しております。

思えば、『トークライン』や『ツーウェイ』、雑誌の連載ではずっと前から紹介されていたのですが、詳細がわからず一一月号を待っていたものでした（夏休みのテレビ「ナイスディ」で「五色百人一首」が放送予定になっていたので楽しみにしていたのですが、なかったようですね)。

今年は、昨年からの持ち上がりで六年生を担任しておりますが、昨年から百人一首をやってみました。

一学期の六月ころから、朝の会で一日一首ずつ読んでいくことにしたのです(「今日の百人一首」と呼んできました)。

日直が私の書いた黒板の百人一首について

①読み方　②意味　③作った人

を説明し、その後みんなに覚えさせました。

覚え方は、日直が少しずつ上の句から消していく方法です(詩の覚え方と同じです)。

そのうち、一人の子が、明日の句を黒板に書いて帰ったので、ほめたところ、子供たちが交代で次の句を書くようになりました。

しかし、これではなかなか覚えられませんでした。

覚えだしたのは、百人一首の試合を向山方式でやり始めてからでした。負けたくないし、上の部へ上がりたいから、必死で覚えだしました。

覚えない子は、下に行きます。ここで、逆転現象が起こります。クラスづくりにも役立ちました。

百人一首や本を買う子が増えました。おじいさん、おばあさんとやる子も増えました。

毎日やりたいと言い、休み時間も続けました。

しかし、どんなに早く読んでも一三分。時間が問題でした。

向山先生が『ツーウェイ』一一月号で書いておられた「教室で百人一首をやる場合の二つの欠点」そのままだったわけです。

「細分化の原則」「練習中に覚えるシステム」が、それを見事に克服させてくれています。

「五色百人一首」をすぐ作りたいと思います。

「五色百人一首」をやってみて、またお手紙差し上げます。

「五色百人一首」を公開していただき、本当にありがとうございました。

一九九〇年一〇月一九日

Y・Y

「百人一首」をやる時には、むずかしく考えない方がいい。

意味を教えようとか、何枚か覚えさせようとかしない方がいい。いきなりゲームを教えてしまうのがいい。

その時に、一枚か二枚について面白く解説すれば十分である。

ゲームをやると、子供は自分から覚えるようになる。Y氏の書いた通りである。

百人一首によって、さまざまな絆が作られる。今までとは、ちがった人間関係が生じるのである。この遊びの中では、一人がはみ出しても、全体のシステムがストップする。仲間はずれを作れないのである。全員が熱中してこそ、一人一人も楽しいのである。

五色百人一首に取り組むことで学級がまとまり、男女の仲もよくなっていくのである。また負けを認めようとしなかった子が、負けを受け入れられるようになったという実践例も多数報告されている。

一度やった人は、子供の「百人一首コール」を経験し、きっと退職までやり続けることだろう。

向山学級で五色百人一首をやった――これは私の教え子一人一人が、今も鮮明に覚えていることである。

8　私の三十数年前の体験

「いじめ」「差別」への個人的体験は私にもある。

教師がやった何気ない行為に傷ついてしまう子供もいる。教師五年目、私が初めて出した学級通信「アンバランス」で、私は自分の体験を次のように書いた。

「差別」をしないことの誓いは、私自身の個人的体験より出たものであった。

◆学級通信「アンバランス」No.27　一九七二年五月二二日　大森第四小学校四年二組

差別への怨念

私が小学校四年のときである。朝は晴れていた空が見るみるうちにくもり、雨がふってきた。当時、家からかさを持って来る子供は、さして多くはなかった。雨があがるまでの間、私たちは、教室で遊びまわるのを常としていた。

天井まで机をかさねあげ、城を作り、チャンバラ、かくれんぼなどをしたものである。

その日の午後、担任の教師が、Tという子供に、「かさを持って来てくれ」と、何気なくいった。Tの父親は、ある証券会社の重役であった。

その、さらりと言った担任の言葉に、私はひっかかった。どうして「他の子供に言わなかったのだろう」「私たちのことをさしおいて何を言ってるんだろう」と。

「優等生」と「劣等生」とが固定化して存在し、その間をさまよう子供がいる。学級委員として、その「優等生」とやらの中に位置していた私は、思いもよらぬ所から無視される屈辱を感じたのである。「金持ち」「貧乏人」を背景にした、その屈辱感は、私の心の中に、どっかりと根をおろし、すみついた。

そして、ならば「優等生」「劣等生」といった形の屈辱感もまたあるのだろうと、その時感じたのである。これが、教育に対して持った、私の初めての批判であった。神の如くあった教師像は、私の中で音を立てて崩れていった。

今にして思うのだが、「優等生」「劣等生」を固定化させてしまうシステムの中で、その教育の中で、どれだけ多くの人間がその才能を、その人格を否定されていった事だろうか。永山則夫という死刑囚が本を出版した。小・中を通して全教科の成績が1であった人間の複数の著作である。かくもすぐれた思考と表現をする人間が、大学の教師と見まごうばかりの論理を展開する人間が、本当に学んだのは牢獄の中であった。

学校教育はその子に何もすることはできなかった。

こうした悲劇が、教育の中には多くあるにちがいない。かつて、戦争へ子供たちを送り出した教育もまたそうであった。

これらは、むろん教師個人の責任ではない。何よりも、教育行政当事者の責任は大であろう。といって、教師に責任のないことではない。それを黙って見すごした保護者に責任のないことではない。子供に対して負うその責任の重さの中から、真の教育は創られるのであろう。

人間の誇りを傷付ける差別に、人間の生き方に消極的に作用する差別に、ものを言う元気を失わせる差別に私が出あったのは、小学校四年の時であった。

その、怨念にも似た心が、私の教育を支える一つとしてある。このうらみ、はらさでおくものかと、差別・選別への憎しみはつのるのである。

9　向山洋一、教師五年目新年度の日記・再録

一九七四年四月八日

春四月、始業式を終え、はじめて担任する四年生の児童の前に立つ。今日は、出席をとって、解散である。一人一人の子供の氏名を確認しながら、出席をとる。はずかしそうな返事、元気のいい返事、さまざまである。

「〇〇」と呼んだとき、返事がない。「〇〇さんは、休みですか」と再び聞く。隅の方から「います」と、消えいりそうな声が聞こえた。他の子から、いろいろと、説明が入る。「先生！　〇〇さんは、授業中教室からぬけ出すんですよ」「給食を食べないで、体育館の裏で遊んでいるんだよ」「すぐ泣きだして、家へ帰っちゃうんだよ」「学校をずる休みするんだよ」

それは、背すじがぞっとするような、冷たい雰囲気であった。教師にそのことを言うのが楽しみでもあるかのように、口々に出た。

私は、きっとなって、「先生は、告げ口をする子が大きらいです。そんな事はいちいち言う必要はない。〇〇さんにも、何か事情があったのにちがいないのです」。子供た

ちは一瞬、どきっとしたように口をつぐんだ。

その日は、それで別れたが、○○のことが、一日、頭を離れなかった。

翌日、大そうじの後、席をくじびきで決めた。班も決めた。班長を選ぶ段になった。「班長の経験がある人」と聞くと、一〇人ぐらいの子が手を挙げた。

「班長は、どのように決めたらいいか、意見を聞かせて下さい」

子供たちから五、六人手が挙がった。「推薦がいい」と言う。

かしこそうな顔をした、弁が立ちそうな子だけが発言をした。

「他の方法はありませんか」と聞いたが、手が挙がらない。

どうでもいいやという顔が何人もいる。じっとして動かない子が何人もいる。

「君たちの意見は分かりました。しかし、班長の選び方は、先生が決めます。先生は、班長は誰でもできると思います。困ったら、班の人に相談すればいいし、先生も教えてあげます。班長は、班長になりたい人の中から、じゃんけんで決めます」

一瞬、変な空気が流れた。

「先生、推薦の方がいいと思います」かしこそうな顔をした男の子がさけんだ。

「いや、ダメです。じゃんけんで決めます」と、私は言った。

「班長は誰でもなれます。大丈夫です。君たちの中にも、一度はやってみたいという人がいるでしょう。遠慮なく手を挙げなさい。それでは、やりたい人?」と聞いた。

はじめ一〇人位が手を挙げ、他人の顔を見ながら挙げる子がいて、一七、八人になった。「ほんとうにこれだけなのですか、遠慮はいらないのですよ」と言うと、さらに手が挙がり、二三、四人になった。

○○は、下を向いたまま、じっとしていた。手は、挙げていない。

私は、○○の席の前にいって、「○○さんは、班長やりたくないの?」と聞いた。○○は顔をまっかにして、下を向いた。誰もが一斉に、○○と私の方を見ている。まるで、信じられないことが起こったかのような顔をしている。クラスで馬鹿にされ、無視され、どうしようもない子と思っていた人間に、教師が「班長にならないか」と聞いているからである。それは、どの子にとっても、衝撃的な出来事であったにちがいない。

「○○さん、大丈夫だよ。立候補しなさい」と、私は続けた。○○はますます顔を赤くして、うつむいている。「向山先生がついているから、大丈夫だ。できないことなんかないよ」と、○○に五分ぐらい話をした。ようやく、○○が手を挙げた。はずかしそうに、半分ぐらいまでである。

「さて、では、立候補をしめきるが、もう、立候補する人はいないんですね」と私は言った。その時、四三名全員が手を挙げたのである。まっすぐに顔を向けて、何か、厳粛な雰囲気がただよう中で、全員の子供の手が、まっすぐに挙げられていた。

班長を決めるじゃんけんが、あちらこちらで盛大にやられた。

このできごとの中に、学級委員の選出をめぐっていくつかの問題点を見ることができる。

差別教育は、教科教育だけを通して、行われているのではない。

教科における選別・差別と、結び付きながら、学校教育の多方面に、差別教育は、貫かれている。

長い歴史の中で作られてきた、学校教育のシステムの中に、それは巧妙に存在し続けている。

自分が民主的な教師だからといって、民主的教育をしているわけではないことは、今では自明のことになりつつあるが、その一つが、巧妙に組みこまれてきた、学校教育のシステムである。

通知表、運動会の紅白リレー、学級委員、規則、賞状等、それは学校教育のすべてにわたっているのである。

そのシステムにのっとり、それと同じことをやる以上、どんな教師でも差別教育の中に組みこまれてしまうのである。

班長を決めるときに、推薦により選挙で決める。これが、一見、民主的なようでいて、子供の世界にあっては、実は、民主的ではないのである。

何故なら、選挙によって決まるのは、いつも、特定の児童だからである。古代ギリシャでは、一時期元老院を決めるのにクジ引きで行っていた。それは選挙によると差別が生まれるという主たる理由からである。容姿、成績、その他が優っている子が、常に選挙で選ばれるのである。絶対といっていいほど、それには入れない子供も、一方に存在する。

これは、どちらの子にとっても不幸である。いわゆる「優等生」は、いつもなることによって優越感を持ち、人を見下すようになり、真の成長がとまっていく。いわゆる「劣等生」は、いつもならないことによって、劣等感を持ち、あきらめ、無気力な子供になっていく。

このようなシステムが、誰にとっていいかといえば、教師だけである。自分にかわる管理者を作り出すからである。

クラス全員がなれるシステムを創り出すこと、そして、そのシステムの中で、どの子も成長できる内容を創り出すこと、が我々教師の課題である。「全員が分かる授業」と同じように「全員がリーダーになれる」教育も必要なのである。そして、これは文字通り全員でなければいけないのである。

これが私の考える「教育」の基本方向である。

・フォイエルバッハに関するテーゼ（第三のテーゼ）

人間は、環境と教育の所産であり、したがってその環境が変わり、教育が変われば人間も変わる、という唯物論的学説は、環境そのものがまさに人間によって変えられるということを、そして教育者自身が教育されねばならないということを忘れている。だから、この学説は、必然的に社会を二つの部分に分けることになり、そのうちの一つが社会の上に超然としていることになる（たとえば、ロバート・オーウェンの場合など）。

環境の変化と人間的活動の変化との合致は、ただ変革する実践としてのみ捉えられ、合理的に理解されうる。（『フォイエルバッハ論』エンゲルス、藤川覚訳・大月書店）

第5章

いじめとの闘いをどこまでも

1　ある転入生の日記

次の文は、以前に受け持った子供の日記である。

前の学校の先生は、理科の先生だった。今までの先生の中で、一ばんいやな先生だった。ぼくのことを、どもりだといったり、どなったりした。ぼくは、どもりではなく、先生がぼう力ばっかりふるうので、びっくりしていて何もしゃべれなかっただけだった。それに、何かというとすぐ、特殊学級にいけいけという。まだある。頭のいい子とわるい子を差別しているようだった。あつかいかたもちがっていた。なんだか、ひそかに人気のある子をごちそうにさそって、ぼくに声をかけてくれたことがなかった。

この学校にきて、つくづくその学校のことを思いだす。向山先生は、こういう先生を、どう思いますか。

そして、最近この子のお母さんから手紙をいただいた。

青葉、若葉も繁る季節になってまいりました。先生、奥様の御健康はいかがでございますか。在学中は、いろいろありがとうございました。

引越しいらい雑用におわれ、やっとペンを走らせています。

ご無沙汰申し上げていますうちに、あの感激の日から、二カ月半もたってしまいました。すばらしい卒業式でした。今でも、毎日のように思い出されます。

上の子の卒業式に何回か出席したのですが、私共の卒業した昔のタイプと変化もないようでしたが、大四小（大森第四小学校）のはそれとはちがい、本当に素晴らしく、胸を打たれました。幸福な子供達、中学生活に入って、身も心も益々成長なさっている事でしょう。

私の子供もおかげさまで此方の中学に慣れ、大四小の特長などを発言したり、副委員長等で活躍しているようです。地元の子供達とも仲良くなり、のんびりと田舎生活を楽しんでいる様子です。

先日は、子供がおじゃま致しまして、ごちそうさまでした。大切な休日を子供達のために費やしていただき申し訳ございません。おかげさまで、生き生きした顔で帰宅してまいりました。

此方は平凡な田舎ですが、奥様やお子様をお連れ下さいまして、ぜひおいで下さい。（以下略）

私は、子供の日記を読んで、胸がしめつけられた。多分、この先生はそんなに悪い先生ではないのだと思う（いや、思いたい）。

でも、一人の子供が教室でものも言えず、言語障害だと言われ、そして、できる子とは、あつかい方がちがっていたと感じたとするならば、大きな問題だ。

私も子供心におぼえがある。教師の子供へのあつかい方がちがっていたこと、子供同士でさえ、「学級委員はあの子に決まっている」などと、教師の価値基準が無言のうちにすり込まれていたこと。教育の中にあってはならないことが、堂々とまかり通っている。そして、教師になってつくづく思うのだが、そうした問題を教師の側からは「見よう」「感じよう」としない。自分で自分にきびしくあろうとしても、見えにくいということが、差別をなくせない一つの原因だろう。まして、自らを問いつめたことのない教師がいたとしたら、差別の実態は強固に固定されるだろう。

中学へいってのびのびやっている子供、副委員長をやっている子供。そんな子供さえ差別の教育の中では、つぶされることがあるのだということを示している。

子供に、このようなひどいしうちをする教師は、今もいる。

聞いた話である。音楽会で、指揮者を決めることになった。

音楽の先生が「誰かやってくれませんか」と言ったところ、一人の女の子が手を挙げた。ところが、その女の子は、音楽の先生の気にいらなかった子らしく、音楽の先生は「他にいませんか」としつこく聞いたという。

誰も手を挙げなかったのだが、音楽の先生は「本当はあなたもやりたいのよね」と一人のお気にいりの子を指名し、強引にその子にやらせたという。

はじめに手を挙げた子が、無視されたわけだ。六年生の子供たちは、みんな怒ってしまって、家に帰って、口々にそのことを親に訴えたという。あまりにもひどいというわけだ。

音楽の先生は、密室での出来事だから知られないと思っているのだろうけれど、こういうことはつつぬけになるものなのである。

その先生は、保護者や子供の信頼を急速に失っていったという。

2　その通知表に異議あり、「先生、聞いて」

教室において、子供は担任を信じようとする。

自分の先生が一番いい先生だと思いたいのだ。

子供というのは、けなげである。

その期待に担任が応えていくなら、さらに奥深い意味のある形での会話が可能になる。

教師生活五年目、かけ出し時代の私にくれた四年生の女の子の「異議申し立て」と、その時の学級通信である。

12月25日　△△
先生！「あゆみ」のことだけど、あれちょっとひどすぎるんじゃあない。算数オールCなんてひどいよ。いっしょうけんめいやったのに。
そりゃあ私はものおぼえがおそいからしようがないかもしれないけれど、あんなことじゃあ頭にきちゃう。
私はまけないぞ。こんな事でまけては△△の名がすたる。女がすたる。（どこかで聞いたことのあるセリフでしょう?・)そんなことは、はじっこによせといて、でも、あれ、やっぱりひどすぎるよ。でも三学期がんばるからね。期待していてね。質問が多くてねをあげないようにね。

(注……「あゆみ」は通知表のこと。一教科が四つ位の分野に分かれている。国語なら、読む、書く、話す、聞く、というように。成績自体は三段階の絶対評価、人数枠はない)

私のクラスでは一人一人が日記をつけていた。一週間ごとにそれを見て返事を書くのである。始めの頃は一、二行の文ではしにも棒にもひっかからなかったのだが、段々と長い文章を書く子(ノート二ページ位)もあらわれ、読むのが楽しい。多い子はすでに七冊目になっている。これはそんな日々の中で現れた文章である。

さて、いかがであろうか。通知表の点に抗議をする子におどろかれたであろうか。また、私のことを何と人情のない教師だと思われただろうか。

ここでは通知表のあるのがよいかわるいかの問題は別にする(私はない方がいいと思う)。

この子の努力にもかかわらず、Cからひき上げられなかったのは教師である私の未熟・

非力のためである。どれだけ貧しい授業をしてきたかの証明である。それはうんと責められていい。

私はすまなく思うし、すまないなんてことですませられないと知っていて、やはりそう思う。

だが、この子が先生に抗議をするようになったことは、とりわけ「三学期がんばるからね、期待してね」「質問が多くてねをあげないでね」と言うまでになったことは、いささか自負してもいい事だと思っている。

自分の一番苦手でありやりたくないものを、必死に努力してやはりCであったショックを超えて、なおくいついてくる強さを育てあげたからである。

人間の成長には、こうした強さが他の何にもまして必要であると思うからである。

3 「いじめ」がなくなれば、子供はあどけなくなる

クラスがまとまってくれば、楽しい、ユーモアのある事件が次々と起こる。四年生の遠足で東京の郊外に行った時のことである。一人の女の子が、裸で泳いでしまった（この子は、その後、アメリカの大学に行った）。このことを学級通信で報じた。

◆つうしん「四年生」No.25　一九七六年六月九日

遠足珍騒動

八〇名と二九名、お祭りさわぎの数字である。川遊びで水にぬれ洋服を着がえたものが八〇名、首までつかって秘かに泳いだ者二九名である。

水は透き通り、ひざまでの高さ、おまけに初夏を通りこして真夏の気温。ここは目をつぶらなくては男じゃない。

子供たちがよってきて言う「先生！　泳いじゃいけませんか?」。気軽に返事をする「当然だめだよ」。そして、おごそかにつけ加える。「ころんでしまったのはしかたがないけれど……」

このおごそかな言い方をおごそかに理解する子どもと、この言葉から真理を究めようとする者とがいて、悪貨は良貨を駆逐するごとく、いや真理はやがて広まるごとく事態はうつっていった。実に楽しそうだった。

女性の鑑のごとき優しい心の持ち主であるKさんは、「風邪をひかないかしら」とハラハラしている様子だったが、その様子をぼくは知らないふりをして、久しぶりにガキ大将のごとき気分にひたっていたのだった。

K・Mに唖然とした。

首までつかって、男の子の如くに遊んでいるのを見て唖然とした。ぼくの前で堂々と遊び泳いでいるのに唖然とした。一時間後に、水から出て着がえた彼女がチョコレートを持って来てくれた。熱にとろけていたが、チョコレートであった形をかすかにとどめていた。「どこで着がえたの?」と聞くと、「川原で……」というので、唖然として彼女の顔を見た。「みんなのいる所で?」と聞いたら、当然のごとく「そうよ」というので、また啞然とした。

「バスタオルでかくしたの」と聞くと「ちがう」と言うので、啞然として「まさか、すっぱだかで着がえたんじゃないだろうな?・」と聞くと、「着がえちゃったよ」というので、唖然として、唖然がとれなかった。

次の日、彼女の作文を読んで、またまた唖然となって平然となった。これは歴史に残る大傑作で、腹をかかえて笑いころげた。

作文　K・M(ぬき書き)

写真屋さんに、首までつかっている所を写してもらいました。TちゃんとDちゃん、二組のMちゃん、一組のK君、I君、H君でした。女は私一人だけでした。

私は川原で、「ふりちん」をしてしまいました。母も「K子のことだからふりちんしたでしょ。」と言ってました。私は「子供のことだからわかるのかなー。」と思いました。

K・Mに「あのなあ、『ふりちん』て男のことを言うんだぞ」と、教えたら、「へえー」

と、驚いたような顔をしていた。とってもかわいい子だった。彼女のすばらしさの第一は、たくましいこと、挑戦していくことにあるが、別の面からそれを見た思いだった。男の子達は、それこそ盛大に「ふりちん」をしていた。中に気の弱い子もいて、ぬれたパンツの上にズボンをはいていた。「お前は男だろ、そんなことでオタオタしてどうするんだ。ぬれたのをぬいでからはけ」と言ってとりかえさせていた。男の美学はこの年頃から教えるものなのである。

一九九一年八月、留学先のアメリカから一時帰国したK・Mと六本木で会った。むしょうに私に会いたくなったのだという。すてきなレディになっていた。

このままアメリカに住むつもりだという。

4　大切に育てられた子供はかわいくなる

私のクラスを参観したY・W氏から、次の便りをもらった。

向山先生
先日は、授業を参観させていただきまして、ありがとうございます。

子どもたちの活動量（思考量!?）もショックでしたが、私にとって何よりのショックは、子どもたちの（何と言えばいいのでしょう）気やすさ、人なつっこさ、先生に対する信頼が、圧倒的だったことです。

形だけ、マネても、だめだな、と思いました。これは、かなわない、完敗です。

私、あの授業以来、クラスの子に、もっとやさしくなれています。

Y・W

W氏は京浜教育サークルのメンバーであり、中央事務局の一員である。

W氏が初めての向山学級授業参観でショックを受けたという。

何年も一緒に仕事をしていて、サークルの仲間で、むろん私の本を読んでいて、すでに多くを知っているにもかかわらず、たった一回の授業参観でショックを受けたという。

私は、昔から主張しているのだが、教師の力量は「授業を見ないと分からない」と思っている。

同じ学年担当でしかも研究室で二年間一緒に机を並べていても分からない。が、たった一回の授業を、それも五分程度見れば察しはつく。

「授業を見なければ教師の技量は分からない」ということは、実は大きな意味を持っていると思う。

さて、W氏はショックを受けたが、それは授業からではない。

子供たちの人がらにショックを受けたのである。

それは次のことである。

> 向山学級の子供たちは人なつっこかった。
> 向山学級の子供たちは気やすかった。
> 向山学級の子供たちは圧倒的に先生を信頼していた。

向山学級の様子そのものが、そこでかもし出されるクラスのカラー自体がショックだったという。

そして、W氏は形だけまねても駄目だと言う。

形をまね、形が持っている意味もまねなくてはいけないのである。

向山学級では差別を許さない。

向山学級では子供を怒鳴りつけない。

向山学級では体罰をしない。

向山学級ではどの子も大切にされる。

向山学級ではどの子の意見も大切にされる。

こうしたことが、本当の意味でされるかどうかなのである。

知的に大切に育てられた子供たちは「かわいらしくなる」と思う。

これは、一つの法則的事実である。

「かわいらしい子供たち」が群がるクラスは、いい先生に担任されているのだ。

授業が面白く、一人一人が大切にされ、個性が伸ばされれば、子供は子供らしくなるのである。

さて、読者の方々の中には、向山学級参観の時はどんなだったろうという思いの方もおられよう。

W氏の一週間前に、新潟のK氏が参観されていた。

その報告を紹介しよう。

向山学級参観記　H・K

① エピローグ

事の始まりは、いつも突然に来る。

僕が、分析批評の連続講座に参加したことが、きっかけだった。

そして、向山先生が僕に「雪国の資料があったら、送って欲しい」と頼まれたのだ。時は、第三回講座の一月二一日。おりしも、新井市で270センチメートル(我がA小学校の積雪計でジャスト200センチメートル!)の豪雪に見舞われている最中だった。

翌日、降りしきる雪はやんだ。

この時とばかりに、夕方から日暮れまで、五〇枚ちょっとのスライドを撮りまくった。
それに、少しの解説をつけて、向山先生に送った。
これまで教師として受けてきた恩を少しでもお返しできればいいなあ。いい機会に恵まれたと思い、かつ、役に立つ写真が一枚でもありますようにと願い、発送した。

折り返し、向山先生からお礼の葉書が着いた。その中に次の文面があった。

(前略)研究授業は二月二二日(木)です。この日は、無理ですが、よろしければ二月二三日(金)五校時、社会、一時四〇分より、お出かけ下さい。お礼のつもりです。(後略)

びっくり仰天し、我が幸せを感謝し、その日一日中、嬉しさをおさえ切れずに、奇声を発して回ったのはいうまでもない(女房曰く「いいなあ、気が狂いそうな位、いいことあって。私つまらない」)。
そして、その日、二月二三日(金)は来た。

②　向山学級に足を踏み入れる

一時間も早く、雪谷小学校についてしまった。児童玄関に立つと、ちょうど向山先生が階段を降りて来られた。（ラッキー！）教室に行っていて下さいとのこと。

給食が終わりかける頃だった。

子供の元気よさに圧倒された。すごい、すごい。

とても人なつこい子供たちで、あっという間に質問ぜめである。

「先生、どこから来たの？」

「新潟県の上越市だよ」

「先生、上越市って寒いんでしょ？　平均気温何度なの？」

「エッ！」（分かるか、そんなこと！）

答えられずにいると、かわいい女の子が「私の地図帳貸してあげる」「ああ。ありがとう」

次から次へと、入れ代わり立ち代わり、すごい喧騒の中、聞きに来る。

向山先生が来て、お昼休み。子供たちは、グランドへ。

そこへ、横浜のY先生、京浜教育サークルのA先生が来られる。

残った数人の子供たちや、先生方と、たわいもないおしゃべりをしながら、掲示物を見る。雪国ニュースといった子供の新聞や、いろいろな地方の写真がある。それに本、ファイルの束。見ながら「失敗したなあ。カメラ持ってくるべきだった」と、ひたすら後悔。後悔。

向山先生の所へ子供が行く。「先生、将棋しよう」「ああ、いいよ」毎日の何気ない光景！　これこそ、研究授業のように参加者五〇〇人もいれば、見られないものだ。感激しつつ、私は見ていた。

早い、早い。相手に長考させない。遅いと、「1、2、3、4……」と、カウント開始。七、八分の間に二局終了である。

③　やはり、すごかった百人一首

授業五分前に百人一首を始める。

向山先生が、「から札一枚」と言って、読み始める。子供たちが一斉に斉唱する。そして、二枚目から対戦が始まる。流れるように、始まる。

速い、すごい速さだ。なるほど、これが向山学級の百人一首か、と思った。上の句の前半で、ほぼ全員取り終わっている。読み始めると同時に、「はい」「はい」「はい」の連呼である。上の句の後半と下の句は、静かな中ろうろうと歌われる。予想はしていたが、やはり目の当たりにすると、どぎもを抜かれた。すごいとしか形容のしようがない。

また、向山先生の独特の節回しが軽妙で、心地よい。なるほど、こんな風に詠まれていたのかと、思った。文章でお伝えできないのが残念だ。

また、子供がざわついてくると、上の句で止められる。そして、子供が静かになり、沈黙がおとずれるまで待つのである。すーっと、静かになる。すると、下の句が読まれ始める。こんな感じであった。

また、二回戦の初めに「しゃべったらお手付きにします」と言われた。「無用なおしゃべりは禁止!」という向山先生の百人一首への構えを知った。

じゃんけんしながら、次の句をとっているのである。すごい、すごい。勝負が決まった子から、片付けていた。

五分少しの間に、二回戦やった。一八枚×二回読まれたことになる。二回目は凄いスピードで一分一〇秒の間に、一七枚読まれた。

④　いよいよ授業!

黒板に写真が張られる。十日町の市役所に保存してある写真から、横浜のY先生が研究授業のために作られた資料である。四つ切りサイズ位のカラーコピーで、同一地点で、降雪時と、無雪時の二枚のカラーコピーがある。

前日の研究授業もこれを資料として使われたらしい。

「昨日ね。二枚の写真を見て、雪国の生活について考えてみました。大勢の先生方が見に来ました。その中で、みんなが今度調べていくと言ったことが三つあったね。

一つは雪が降ると学校に行けないんじゃないか？

もう一つは家の作り方がどうなっているのか？

それから三つ目が雪国の人ってのは損なんじゃないのか？

今日は、学校へ行けない。こんなになっちゃうんじゃや、学校へ行けないんじゃないのか？

（ここで、写真の資料を張る。課題を板書。「雪国では雪が多くて学校に行けない？」と板書、スライド写真を映す。「暗い」「見えない」と言う子に、「いいです。電気このままで」と強く言う）。

もう一回問題を言います。

> 雪国では雪が多くて学校に行けないのではないか？

これに対してもちろん賛成もあるでしょうし、反対もあるでしょう。できるだけいろいろな面から考えて、様々なことから考えて、証拠を出して、話し合ってみてください。はい、それでは、発表開始」

この言葉以後、向山先生は教室の後ろへ移動され、腕組みで子供をじっと見守るだけである。そうこれだけ。

すぐ、発表が始まるのかと思ったら、さにあらず。子供たちは、さっと席を立ち、前や横に集まり、あるいは自分の席でそのままノートや教科書に向かう。

子供たちは思い思いに小さな輪を作ってその中で討議している。ひそひそとした話し合いがそこここで行われる。

このとき、あの給食時間の喧騒から考えて、だれか途中でだれるのではないか？　と集中を欠いている子を探してみた。ところが、一人もいない。

向山先生からは一言もないのに、だれている子は一人もいないのだ。なぜなのだろう。不思議だ。私のクラスならとっくにだれ始めている。しかし、そうした雰囲気が微塵も感じられない。

やっていることはみんな違うが、課題以外のことをしている子はいない。みんな思い思いに集中している。友達と討議する子。ノートをまとめている子。教科書や参考書の記述から証拠を探している子など、作業はみんな違う。しかし、ピーンと張り詰めた空気が教室を支配しているのだ。不思議な雰囲気だった。

あの給食時間の時と本当に同じ子なのか？　と思った。

途中、向山先生に断ってから、私の所に質問に来た子が二人いた。

一四分三〇秒後、「発表したいんだけどいいですか？」という一人の子の発言で、突然、討論が始まった。

5　差別構造をこわす三つの基本

四年を担任していたその最後の日、向山学級について書かせた。
最も多かったのは「授業が楽しかった」ということであった。
その次は「百人一首」や「チャレラン」が楽しかったということであった。
その次は「いい友だちがいた」ということであった。

差別の構造をこわしていくには、この三つのことが根本である。これさえできれば、あとはいいと言ってもよいだろう。知的な学級集団を作る三つの原則といってもよいだろう。

> 第一は「楽しい授業をする」こと。
> 第二は「百人一首」「チャレラン」などの躍動するイベントをすること。
> 第三は「どの子にも友だちができる」ように配慮すること。

むろん、この三つは簡単なことではない。

「みんな友だちになるんですよ」と百回言おうが千回言おうが、友だちはできないからだ。教師がスローガンを言って、それですむのならこんな楽なことはない。しかし、現実は「仲よくするんですよ」とスローガンばかりしゃべる教師のクラスで「いじめ」が発生する。

右の三つの中で、誰でもすぐに取りかかれるのは、「イベント」をすることだろう。このイベントは、自分の得意の分野でやればいい。続いて「楽しい授業」はできるかもしれない。

といっても、「授業の法新則」シリーズ、TOSSランドなどで、かなり熱心に勉強しなければ無理かもしれない。

新年度、担任になったら、自分の担当する学年の「授業の情報」を集めることぐらいは最低必要だろう。

授業の新法則シリーズやTOSSランドの中から、該当するものをさがして「授業計画案」に記入し、『教育トークライン』誌等の情報も入れればよい。

これで八〇パーセントぐらいの授業計画が作れる。

残り二〇パーセントは、自分で工夫し切り開いていかなければならない。

そんな形で授業を準備する教師の授業なら楽しいだろう。

何といっても、授業の情報はＴＯＳＳランドが一番多い。

そして、簡単そうに見えて一番むずかしいのが「どの子にも友だちができる」ように配慮することである。

子供の一人一人の個性、可能性を見付け、伸ばし、ほめまくる教師であることは当然のことである。

そのうえで、「一人ぼっちの子」を見付け、なくすなどの配慮が必要となる。

「一人ぼっちの子」というのは、教室でいくら見ていても分からぬものである。私には、分からない。遊んでいるところを、その気で観察するか、今まで開発されたテストをやってみる以外分からない。

「日記を書かせているから子供のことは分かります」などというのは、教師の思いあがりである。

「一人ぼっちの子は、その気でさがさないと分からないものなんだ」ということを知っている教師だけが、一人ぼっちの子をなくせるのである。

6　向山学級の授業

この章の5で向山学級を参観した新潟のK氏の文章は「突然、討論が始まった」というところで終わっている。

以下は、その授業の様子についての何人かの先生方による描写である。

1　子供たちは、三々五々に集まって、参考書や地図帳、教科書、辞書などを調べ始めた。場所も、黒板の近く、スライドの近く、机を寄せあって、あるいは床に資料を広げたり、一人だけで考えていたり……。

「なんだこれは？　一体どうなってるんだ？　このあと、授業はどうなるんだ？　討論の場面がいきなり始まると思ってたのに、なんか変だぞ？」

向山氏は、カメラを持って子どもたちの活動をひとしきり撮った後、教室後ろの児童用ロッカーに体を寄せ、じっと子どもたちの活動を見守っていた。

一五分ほど後。向山氏が指示したわけでもないのに、一人の子がスッと黒板の前に立って、「発表したいことがあるのですが、いいですか？」と声をかけた。

みんなの視線が黒板前に立っている発表者に集中していく。

いきなり発表が始まったのだ。

「なんだこれは？　どうしてなんだ？　何もしないのに討論が始まっちゃって、こんなのあり？　一体どうなってるの？」

そんな私のとまどいをよそに、子どもたちは発表者に吸いこまれるように、自然と黒板の前へ集まり、討論が授業終了五分前まで延々と続いていった。

「一体、何なんだ？　どうしてこんな授業ができるのだ？　どういう仕掛けがあるんだ？」

調布大塚小学校でみた「じしゃく」の授業も衝撃的であった。今回の授業はそれを上回る「向山ショック」であった。

マイッタ！

2　……。向山先生の話した時間は、一分間程である。その後、向山先生は、自分のカメラを持ち出し、パチパチと子どもや先生方の写真をうつしていた。
一〇分間程たったところで、ある男の子が「発表していいですか」といきなり発言した。とにかくびっくりした。教師は何も指示を出していないのである。その後、授業の終わりまで討論が続く。向山先生は、一度だけ、論点を整理するために、話をした。それも、約三〇秒。そして、授業の最後に、次時への課題を一分間程話して、おしまいである。「はじめ」「なか」「おわり」と本当に三回しかしゃべらなかった。

すごい!! やはり、向山洋一はすごかった。

3 子どもたちの調べ活動が始まる。ひとりで地図帳を広げる子。ノートに書きこむ子。床に座ってグループで話し合う子。様々であった。向山先生は、カメラを手に子どもたちの間を歩きまわる。また時おり明治図書の江部氏らと話を交わしていた。あたかも参観者の中のひとりになってしまったかのようだ。

調べ活動が始まって一一分たったとき、黒板の前でひとりの男の子が言った。「発表してもいいですか」と。「いいです」という数人の返事とともに討論が始まった。雪国の人は損か否か。次々と発言が続く。意見を言いたい子は黒板の前に出てくる。前の子の発言が終わると争うようにして立ち上がる。その中のひとりが話を始める。指名はない。まるで相撲のぶつかりげいこのようであった。

討論開始一七分後、向山先生が黒板の前に立った。ここまでに出た意見を整理したうえで、損か得かがわかるように言うよう指示した。約四〇秒間の「介入」であった。

再び討論が始まり六分後、「損な所に住むほど人はバカではない」との意見が出た。向山先生はこれを取り上げ、次時の課題とした。そのうえで、人口の増減などの〝証拠〟を持ってくるよう指示した。この後もまだまだ意見を言いたそうな子がたくさんいたことには驚かされた。

驚いたといえば、授業後の百人一首はすごかった。向山先生が一首五秒で読み上げる。子どもたちの手の速いこと。T氏いわく、「私のクラスの一〇倍速い」と。

これまで書いてきたことのほかに印象に残ったことを書いてみる。①子どもたちの語いが豊富であった。たとえば、「収穫高」、「転勤」、「あくまでも」などである。②どの子も課題に向かって思考していた。発言をしない子もノートによく書き込んでいた。③向山先生の表情がとても柔和だった。子どもに対しての語りと顔の優しさに感動した。

向山学級の初参観、言葉には表せないくらいの喜びを感じた。百聞は一見に如かずである。向山先生には、今後とも多くの法則化仲間に授業を公開していただきたい。また、今の向山学級の実践をますます語っていただきたい。

4 新潟のK氏――ぴったりチャイムで終わった。

とにかくおもしろい討論だった。私も、子どもと同じで話し合いに参加したくてしかたなかった。何より、子どもの迫力に圧倒された。

次の時間へのつなぎかたが、あんまり見事なので、「あの課題はあらかじめ考えてあったのですか?」と尋ねると、「討論を見て、あの場で思い付いて言ったのです」と言われた。脱帽である。いや、今日の授業自体、授業五分前に構想されたという。向山先生の頭の回転の速さ! あらためて驚いた。

●授業を参観して

給食時と授業。子どもたちの集中と弛緩。授業と、授業で無いときの切り替えの見事さが、心に残った。比べてみて、僕は子どもたちをかまいすぎている、統制しすぎている、子どもたちを窮屈にしている。そんな感じを持った。一言で言って、向山学級の子どもたちはダイナミックだ。すごいと思った。

●授業後に……

この授業の後、「お礼に」ということで、高輪のプリンスホテルや、品川駅前のパシフィックホテルに連れて行ってもらい、御馳走になった。「東京でなければ経験できないものを」

と言われて。

超豪華な、おそらくこうした機会がなければ、一生縁がないだろうと思われる場所である。本当に、ありがたいと思った。たかが、写真を送っただけで、申し訳ないと、恐縮しきっていた。(その割に遠慮がなかった?)

授業を見せていただいただけでも、超ラッキー! と思っていた。その上で、こんな機会にめぐまれ、なんと言っていいのか、僕は超々ラッキーな男だと思った。

そこで、いろいろな話が聞けた。思い付くまま、書き連ねてみる。

まず、嬉しかったのが、僕が送ったスライド写真の話。

「役に立つのがあるのかと、不安でした」と僕が言うと、向山先生は「さすが、教師だと思いました。あのスライドで何通りもの授業が構想できます」と言われた。まあ、嬉しかったこと、嬉しかったこと。

さらに、「あれ、『トークライン』に載せよう」とまで、言っていただいた。

さらに、移動の車の中で、理科の豆電球で向山先生の追試をしている話をした。「盛り上がっているのですが、あの発光ダイオードの所だけがうまくいきません」と言うと、「そういう所は抜かせばいいのです」と言われた。僕が「それで、電流計に接続して見せました。あれだと、反対に接続すると針が逆に振れるんで、子どもには分かりやすいようです」と言うと、「あっ、それいい。そこが断然いい」と言われた。向山先生は、すごく柔軟だ。そんな印象を強く受けた。

「ごんぎつねはどんな授業をしているのですか?」と聞くと、「紙芝居を作らせています。あれは、場面分けと、要約ができないと、作れないからね」とさりげなく言われた。なるほど。見事だと思った。

他にも「私は、算数の授業だけは、つぶしません。もう四年生の内容は終わっていますが、あれだけは、積み上げていかないとできない。他の教科は一度にまとめてできるけど、算数はそうはいかないですからね」と言われた言葉も印象深い。

法則化サークルの中には「実物資料集」を毎回「検討素材」にしているところがある。

そんな一つのサークルのレポートに次の記事があった。

◆実物資料集第15巻　向山学級通信「スナイパー」④レポート

「スナイパー④」からすごいと思わされたのは、卒業記念特集の中の向山洋一論である。

向山氏について児童の挙げたよい点、わるい点は次のとおりである。

児童のあげたよい点 ① 差別をしない ② 物事に執念深くこだわる ③「遊び」もとり入れる ④ 放課後、特定の子を残さない ⑤ 怒るときは後にひきずらない

児童のあげたわるい点 ① 顔がわるい ② 酒ぐせが悪い ③ 都合がわるいとごまかす

④　女子には男子ほどきびしくない

「これだけ担任のことを鋭く分析することができるなんて、なんてすごい子なんだ」とまとめていた。(以下略)

駆け出し時代の向山は、授業はイマイチだったようである。

が、熱心ではあったようだ。しかも「遊び」を多く取り入れている。

「差別」をしなかったらしい。

顔が悪いのは、昔も今も同じで、しかたがない。

が、教師にとって「顔が悪い」のは武器でもある。子供と仲よくなれるから……。

7　自分の仕事をかみしめて

雑誌連載の反響を、あちらこちらで聞いた。

次号を「待ち遠しく思っています」という声もうかがった。

「いじめ」は、学級経営のポイントの一つであり、それだけ悩んでいる先生も多いのだろう。

当時、こんな便りをいただいた。


はじめてお手紙を差し上げます。私は、現在二四歳で、短大を卒業後三年間勤めた後、小学校教員を目指している最中です。去年一年間非常勤講師をやり、現在は、産休代替教員をしています(小学校に勤めるのは二年目です)。

二週間後に教員採用試験があります。『小学校学級経営』七月号「差別を見のがさない(上)」を読みました。先生の文章を読んだ後、無性に、頑張るぞ!! という気持ちが込み上げてきました。

私は、学級を持ったのは今年がはじめてです。そのことに甘えもあったのだと思います。

今、私の学級は「非常事態」に近い状態です。毎日の授業が成立しないのです(するように努力しているつもり)。

第一の理由は、何と言っても私本人にある教材研究不足です。第二は、子供への指示のまずさです(それの積み重ね)。

例えば、「話を聞く」「発表する」時に口をはさむ子が何人もいます。そのため、私が発問した後、子供たちが発表を重ねていくうちにワーワーワーワーとなるのです。子供たち自身が、何をしていいのかわからない状態になっているのかもしれません。

そんなことを繰り返しているうちに、六月も半ばになってしまいました。授業の進展が、他の学級よりもどんどん遅れてきています。焦っています。

第三に、何とかしようという努力をする気力が失せつつあったことです。つまり雑誌や本をめくる回数が減ってしまっていたのです。


けれども、七月号が職場に届けられ、先生の文章を見たとたん、これではいけない!!と、今、猛烈に感じています。

教師としての力量が劣る教師は……それは必然的に差別する者です。

という言葉は、決定的です。「どの子も伸ばす」実践を創り出す努力をしていきたいと思います。

どんな努力を、どうするのかを決めなければ、また、スローガンで終わってしまうでしょう。

月曜日の朝、どんな顔で教室に入っていこうか。第一声は、何にしようか。朝の会から帰りの挨拶まで、どういうふうにして子どもに接するのか。

まず、教師の私を全員に見てもらうところから始めます。身体、手、目、口をとじる。一つを、一人を許してしまった結果が、教室が騒がしくなった原因だと思います。

法則化を知って一年になります。まだ本当に教師の資格がないから……という甘えは捨てます。今、私の目の前にいる子供たちに対する思いは、正式も臨時も分け隔てるべきものではありません。

頑張りたいと思います。先生に、一歩でも近づけるように勉強をしていきたいと思います。

「いつか、論文を持って向山先生に会いに行きたい」と去年思っていました。けれども、「いつか」はあてになりません。三年以内に行きます。必ず行きます。行くための修業をしていきます。

「一〇〇回」が成長の目安といいます。通信も追試も研究授業も、まだ限りなく「一〇〇」に遠いのですが、一つ一つ、一歩一歩のぼっていきたいと思っています。

劣等感だらけだった自分が、法則化を知ってから明るくなりました。まだまだ、言っていることとやっていることがちぐはぐしています。でも、価値ある教師になりたいと思っています。

自分を生きていくのは、自分でしかありません。自分を変えていきたいと思います。向山先生を、遠くからですが、一生懸命追いかけていきます。これからも、どんどんご活躍ください。

この手紙を最後まで読んでくださって、ありがとうございます。先生が手紙を手に取ってくださったことが、私の励みにもなります。これからも学ばせていただきたいと思っています。

向山洋一様

若い教師に共通する内容が多いので、この手紙のいくつかの点を取り上げてみよう。

自分の学級が非常事態であると言う。

こんな時、どうしたらいいかを聞かれることは多い。私は、「いろいろ言っても混乱するだろうから」ということで、一つだけ言うことがある。

私が言うことを、三カ月ほど続けなさいということだ。

それが一〇〇日一〇〇回の努力の蓄積という意味だ。

たとえば、次のことである。


子供が帰った後の靴箱を毎日ながめる。


子供が帰った後の靴箱には、子供の上ばきが入っている。その靴の表情がさまざまなのである。きちんと入っている子もいる。ひっくり返って入っている靴もある。重なって入っている靴もある。そうした靴の表情は、不思議と子供に対応しているのだ。

まじめな子は、きちんと入っている。やんちゃ坊主は乱雑に入っている。

ここが大切なのだが、靴箱の表情はそのクラスの反映なのである。靴箱には、クラス全体の様子が反映されるのだ。だから、校長先生は、クラスに行かなくても靴箱を見るだけで、クラスの様子が手に取るように分かるのである。

こんなことを書くと、あわてて「靴の入れ方」を指導する人がいる。「靴のかかとをね、手前の木の線に揃えなさい」などと教えるのだ。

読者の方は、どうかこんなことをしないようにお願いしたい。このように教えたやり方は、どこか不自然なのだ。時間が経つと崩れてくるが、それは見るもあわれなのである。

そんなことより、「靴箱の表情はクラスの反映だ」と思って活用したほうがよほどいいのだ。体温計や血圧計と同じだと思えばいいのである。

クラスの状態がよくなれば、靴箱の表情も変わってくる。教師は、放課後靴箱を見ることで、「まだまだ」とか、「少しよくなったぞ」と確認すればいいのである。

そのうち、子供一人一人の表情も見えるようになってくる。

靴が落ちていたり、乱雑だったりすると、つい「小言」を言ったり「注意したり」したくなるが、そこはグッとがまんする。

がまんするのだ。

クラスがよくなれば、必ず靴箱の表情はよくなるものだ。自然な状態で、それなりに落ちついているのが最高だ。何も一人一人が定規で測ったようにきちんとしている必要はない。一人一人の子が、それなりの表情をして、そして落ちついているようになればよいのだ。

これは、機械的に入れ方を教えるクラスでは生まれない。

といっても、乱雑な子には何か言いたくなるのが人情——それはよく分かる。そういう人のための方法はこうである。自分で見るようになって一週間以上経ったら、クラス全員をつれて靴箱の前に行ってみる。そして、子供たちをすわらせる。気がつく子は、すぐに直したくなるが、まずは止める。

そして、静かに言う。

> 靴箱を見てごらんなさい。自分の靴を何とかしたくなる人がいるでしょう。
> その人だけ靴を直してごらんなさい。

何人もの子が直す。見ちがえるようによくなる。

そこで教師は、ほめればいいのだ。

「すごくよくなったね。昔から、靴箱とか玄関とかは、その家のことやクラスの人の心を表すんだって……。いつもこうなるといいね」

このくらい言って帰る。

次の日から、また黙って一人で見に行く。

こうした努力を三カ月も続ければ、クラスはきっと変わっていくはずだ。それは、子供の姿を見て、教師が日々反省し、教師自身が向上しているからだ。

こうして、自分の姿を具体的に反省してみることがいいのである。でも、この手紙の方は、それなりに反省も加えている。自分にきびしすぎるほどである。それでもクラスがまとまらないのは、実践不足のためだろう。具体的ポイントが少しちがうのかもしれない。

教育技術は、本を読むだけでは身に付かない。本だけでは「畳の上の水練」と同じようになってしまう。

この手紙の方が原因に挙げられている「指示のまずさ」も同様だ。

「口をはさむ子がいる」と言っているが、若いうちは、こういうのはやめさせたほうがよい。

「言いたい人もいるでしょうけど、ちょっと待ってね。言う人のことをきちんと聞いてからね」とか、「もう一度言いますよ。静かに聞いてからね」というように、きちんとさせるのである。

「ワーワー」になる前に「ルール」をしっかりと教えるのだ。「ワーワー」となったら、誰だって何をしたらいいか分からなくなる。

そんな時、教師は、もう一度「ポイントをしぼって話し合うことを示す」ことが必要となる。

自分のやることを見つめ、自分のやることをはっきりとさせ、クラスの足もとを固めてほしいものだ。

それが、教師の仕事なのだから。

解説

「いじめの構造を破壊する」

本書は「いじめ」から幾千万の子供達を救った。

長崎県時津町立時津東小学校　伴　一孝

本書は『小学校学級経営』誌での向山洋一氏の連載等を編んだものである。

私は二十代の駆け出しの頃にこの本（連載）に出会う事が出来た。極めて幸運だったと言わざるを得ない。もし出会っていなかったならば、間違い無く「地獄の日々」を過ごしていただろう。

日本の大学（教育学部）では、「授業（方法）」を教えない。よって全ての教師は「授業（方法）」を知らないで教壇に立つ。新卒の教師を指導する教師（初任研担当者）も「授業（方法）」を知らない。全て「我流」がまかり通っている。

「授業（方法）」を知らないのだから、「いじめ」の壊し方等、知る由も無い。多くの教師がやっているのは「説教（説諭）」である。何の効果も無く、「いじめ」は繰り返される。

真面目な教師は、それが「自分のせい」だと思い込む。無論それはそうなのだが、そんな「自分」に教職員免許を与えたのは大学である。

「いじめ」なんてどんな学級にでも日常的に生じる。「壊し方」さえ知っていれば、教師は初期の段階で対処出来るのである。しかし、知らなければ、「いじめ」は「ガン細胞」と同じで、学級のあらゆる部位に転移し、最終的には手の打ちようが無くなる。斯くして学級は死滅（崩壊）するのである。日本の大学は、「いじめ」の壊し方を教えずに教員免許を与える。この事によって次々と崩壊学級を生産する手助けをしているのだ。幾多の希望に燃えた若き教師達が、夢を砕かれ、退職ひいては自殺にまで追い込まれた。私も、本書が無ければそうなっていたはずである。

向山氏は、本書で初めてそれを示してくれた。本書以前には、こんな衝撃的な「いじめ」の壊し方（具体的方法）を示した文献は無かったのである。

向山氏は本書で、教室の具体的（いじめ）場面を取り上げ、教師がどの様な言動（発問・指示・身体操作・動線等）でそれを壊すかを主張した。「集団を動かす」術に長けた向山氏ならではの手法が、随所に散りばめられている。

向山氏は、無類の「ケンカ上手」なのだ。向山氏（学級担任）といじめっ子がケンカしているつもりが、いつの間にか「学級全員」とケンカしている事になってしまう。やればやる程、いじめる側は酷い状況に追い込まれ、身動きが出来なくなってしまう。痛快この上無い。本書に書いてある通りにすれば、そうなるのだ。

ある年、四年生を担任した。前学年から色々な問題を起こしており、学年四学級に、それぞれ「問題児」を配置しての学級編制で引き継ぎがあった。私の学級三〇名にも重度の「問題児」が居たが、結局一年間、何の問題も無く無事平和に過ごす事が出来た。同学年の三名は、それぞれにベテランで四〇〜五〇代。しかし、次から次に問題が起こる。私はやった事が無い「取り出し指導（授業中に教室とは別の処に子供を呼び出して指導する）」が繰り返されていた。見かねる体罰・人権侵害まがいの「指導」もあった。それで、子供は良くなったのかというと、全く逆である。子供の状態は、どんどん酷くなった。どんなベテランでも「壊し方」を知らなければ、子供はあの手この手で反撃をしてくる。「説教（説諭）」で子供を苦しめる事しか知らないからこうなるのである。「取り出し指導」は子供に恥をかかせるだけでなく、周りの子達にも「空白」を生じさせ、次の「いじめ」の温床となる。やっている教師にも負荷が掛かり疲弊が加速する。教師に気力が無くなって来るのである。私は本書に書いてある方法で、問題が小さいうちに、軽く処理してしまう。子供も私も快適である。本書一冊読めば、誰でも出来る事だ。なぜ教師は「勉強」をしないのだろうと不思議に思う。何の解決法も持たなかった教師の学級は、三学期、最終的には学級備品の「盗難」まで行ってしまった。れっきとした犯罪行為である。教師が学級の問題を解決出来ず、子供達にストレスを与え続ければ、学級はこうなる。子供だってれっきとした人間だ、人格がある。当然の結末である。ただ、この学年は一年で編制を変え、学級担任も全て入れ替えた。だからまだ良かった。持ち上がっていれば、悲惨な結末が待っていただろう。最悪の場合、学級（学校）で「殺人」や「自殺」が起きてしまう。そういう時代である。子供も弱くなっているのだろうが、多くの原因は教師の不勉強にある。かつての同僚が担任する子供が自殺した。とても良い人だったが、「方法」を教える人が居なかった。いや、居たのだが「教え方」を知らない人だった。教えられる方が迷惑なのである。

私はＴＯＳＳ（教育技術の法則化運動）に出会って本当に良かったと思っている。それは「教育技術」の共有とは、「授業」だけでなく、この様な「人の命」に関わる仕事も含まれるからだ。本書で救われた子供の数は、幾千万を超えるだろう。それは無論、私達教師も同様である。

世界に誇る、教育界の名著である。

いじめ加害者及び傍観者との「闘い方」を初めて教えてくれた書籍

秩父市立尾田蒔中学校　長谷川博之

新卒二年目に本書を読んだ。私が学んだのは「闘い方」である。翌年、中学一年生を担任し、一〇月と一二月の二度、いじめと格闘した。向山洋一氏の実践を指標にして指導を展開した結果、どちらの問題も短期間で解決できたことを今もはっきりと記憶している。

一つ目のいじめの被害者であるA男は、指導後、私宛の手紙にこう書いた。「お母さんのかいた日記と長谷川先生の返信とが僕をゆうきづけ、この中学校にいられるじしんがついてあんしんしました」それから卒業までの二年数か月を、彼は笑顔で過ごした。

次に引用するのは、生徒との闘いの火蓋を切った日の学級通信である。向山氏の言葉をそのまま借りて書いたことが如実にわかる。

(長文のため前略)放課後、A君が泣いていた。全員がその事実を知っていた。それなのに、声のひとつもかけなかった。A君が弱い立場に置かれていることを、全員が知っていた。それなのに、見て見ぬふりをしていた。

もちろんA君にも原因があったのだろう。帰りの会でB君が話したようなことが。だが、君達全員が、自分が関わらないことには手を出さない、自分の利害に関わること以外には極めて無関心であるという一点。その一点が、私にはどうしても許せないのだ。冷酷、残酷、鈍感、自分勝手なクラスだと思った。なんと恐ろしい人達であるかと思った。無論、その原因の多くは私にあるだろう。半年間もかけたのにこんなクラスしかつくれなかったのか思うと自分が嫌になる。情けなくなる。

もしも、君達が解決を望むなら、君達の一人ひとりに何が欠けており、一年四組に何が欠けており、今後どうすればよいのかを、君達の手で明らかにすることだ。

そうすれば、私は再び君達と、共に未来を語り夢を語り合おう。

四日間に及ぶ渡り合いで生徒は変容していった。保護者からもたくさんの手紙が届いた。一週間で百通の返信を書いた。厳しすぎるとの批判への返信を二例、その一部分を紹介する。

終わったことを後からとやかく言ったり考えたりすることはいくらでもできます。私自身、反省する部分も少なからずあります。

ただ、あの時あの瞬間、私は真剣に考えました。限られた時間内に、「この先の長い人生を子ども達が力強く生きていくために、今何が必要か」を考え抜きました。授業をしなかったことも同様です。あの時すべきだったのか、しないことが正しかったのかは今すぐにはわかりません。ただ一つ言えることは、我々教師は「心」を育てる職業であるということ、そして、目先の利益でなく、先を見通して布石を打つことも大切な場合があること、です。

若干△△様と考えの異なる点がありますので、私の考えを述べさせていただきます。私はこのようないじめ・差別は年齢を問わず絶対に許さない、という態度で指導します。今回の事件も、源は小学校生活にあります。小学校で指導されるべき問題が中学まで持ち越されたのです。差別の芽というものは、子どもの頃にこそ摘むべきだと考えます。「張り詰めた」態度を教師がとり、ムードを「つくり出していく」ことが必要だと思うのです。とはいえ、「多少の余裕と暖かい目」も欠いてはならないことはいうまでもありません。

今回の指導の過程で、私は九〇パーセント冷静に指導の計画を立てました。しかし、子どもには一〇〇パーセント「怒っている」という態度を見せ続けました。この種の問題に対してはそれが第一だと信じたからです。

二五歳、荒削りな実践である。が、このやりとりを経て、保護者との絆は非常に強くなった。以後、様々な場面でたくさんの支援を得られるようになった。

学級もこれでいったんまとまり、一一月の文化祭合唱コンクールでは、見事な歌声で金賞を獲得した。だが、学年にはびこるいじめの芽は深かった。一二月、今度はB子に対する学年規模のいじめが発覚した。小学校時代から欠席が多く、本人に原因もあるのだが、大勢からいじめを受けてきていた。勝負の日、現状を話した後、前回（一〇月の指導）話したことを再確認した。第一に、私も含めた一人ひとりが、自分の弱さを射続けなければ解決へは向かわないこと。第二に、学年を変えるには、まずこの学級が変わる必要があること。この学級が変われば、学年が変わり始めるということ。私自身の過去を語った後、「取り返しのつかないことになる前に、こんなくだらないことは止めよ」と告げた。無論個別指導も行った。

指導から数日間、「もう絶対にやらない」「見て見ぬふりはやめる」等の誓いが日記帳に綴られた。B子は三学期をほぼ無欠席で過ごすことになる。

この学級は紆余曲折を経てどんどん結束を固めた。三月の解散時、まだ一年であるにもかかわらず、大泣きする生徒が続出した。向山氏の闘い方を知っていたからこそ、いじめを根絶できた。以来一二年間、学級でいじめが問題となることは皆無である。

学芸みらい教育新書 ❸

新版《しんぱん》 いじめの構造《こうぞう》を破壊《はかい》する法則《ほうそく》

GAKUGEI
MIRAISHA

2015年8月1日　初版発行

著　者　向山洋一
発行者　青木誠一郎

発行所　株式会社学芸みらい社
〒162-0833 東京都新宿区箪笥町31番 箪笥町SKビル
電話番号 03-5227-1266
http://gakugeimirai.com/
E-mail：info@gakugeimirai.com
印刷所・製本所　藤原印刷株式会社

ブックデザイン・本文組版　エディプレッション（吉久隆志・古川美佐）

落丁・乱丁は弊社宛にお送りください。送料弊社負担でお取替えいたします。

ISBN978-4-905374-77-0 C3237

授業の新法則化シリーズ（全リスト）

書　名	ISBN コード	本体価格	税込価格
「国語」　～基礎基本編～	978-4-905374-47-3 C3037	1,600円	1,728円
「国語」　～1 年生編～	978-4-905374-48-0 C3037	1,600円	1,728円
「国語」　～2 年生編～	978-4-905374-49-7 C3037	1,600円	1,728円
「国語」　～3 年生編～	978-4-905374-50-3 C3037	1,600円	1,728円
「国語」　～4 年生編～	978-4-905374-51-0 C3037	1,600円	1,728円
「国語」　～5 年生編～	978-4-905374-52-7 C3037	1,600円	1,728円
「国語」　～6 年生編～	978-4-905374-53-4 C3037	1,600円	1,728円
「算数」　～1 年生編～	978-4-905374-54-1 C3037	1,600円	1,728円
「算数」　～2 年生編～	978-4-905374-55-8 C3037	1,600円	1,728円
「算数」　～３年生編～	978-4-905374-56-5 C3037	1,600円	1,728円
「算数」　～４年生編～	978-4-905374-57-2 C3037	1,600円	1,728円
「算数」　～５年生編～	978-4-905374-58-9 C3037	1,600円	1,728円
「算数」　～６年生編～	978-4-905374-59-6 C3037	1,600円	1,728円
「理科」　～3・4年生編～	978-4-905374-64-0 C3037	2,200円	2,376円
「理科」　～5年生編～	978-4-905374-65-7 C3037	2,200円	2,376円
「理科」　～6年生編～	978-4-905374-66-4 C3037	2,200円	2,376円
「社会」　～3・4年生編～	978-4-905374-68-8 C3037	1,600円	1,728円
「社会」　～5年生編～	978-4-905374-69-5 C3037	1,600円	1,728円
「社会」　～6年生編～	978-4-905374-70-1 C3037	1,600円	1,728円
「図画美術」　～基礎基本編～	978-4-905374-60-2 C3037	2,200円	2,376円
「図画美術」　～題材編～	978-4-905374-61-9 C3037	2,200円	2,376円
「体育」　～基礎基本編～	978-4-905374-71-8 C3037	1,600円	1,728円
「体育」　～低学年編～	978-4-905374-72-5 C3037	1,600円	1,728円
「体育」　～中学年編～	978-4-905374-73-2 C3037	1,600円	1,728円
「体育」　～高学年編～	978-4-905374-74-9 C3037	1,600円	1,728円
「音楽」	978-4-905374-67-1 C3037	1,600円	1,728円
「道徳」	978-4-905374-62-6 C3037	1,600円	1,728円
「外国語活動」（英語）	978-4-905374-63-3 C3037	2,500円	2,700円